HANS SCHIERMEIER

Lebenswende
auf dem
Jakobsweg
Buen
Camino

Inhalt

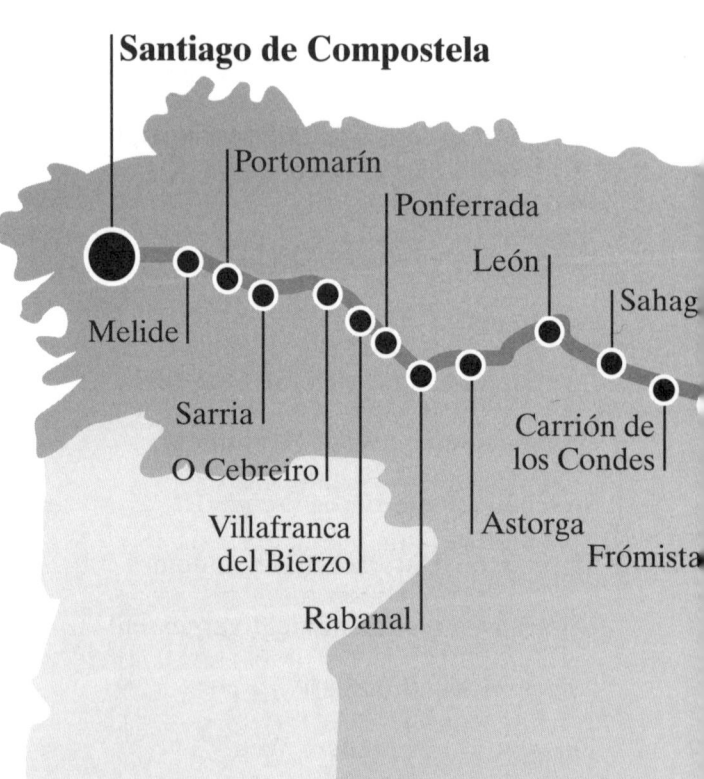

Santiago de Compostela
Portomarín
Ponferrada
León
Sahag
Melide
Sarria
O Cebreiro
Carrión de
los Condes
Villafranca
del Bierzo
Astorga
Frómista
Rabanal

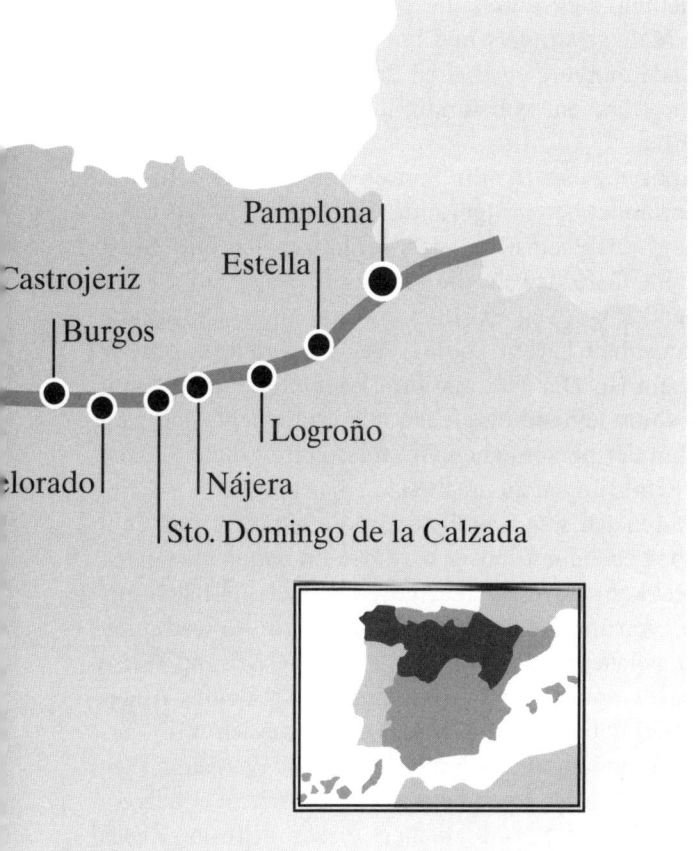

Prolog –
Möchtest du mich loswerden?

Einige Monate sind verstrichen, seit ich von meiner Pilgerreise aus Spanien zurückgekehrt bin. In Gedanken bin ich meinen Weg durch die nordspanischen Provinzen unzählige Male gewandert und bin noch immer zutiefst gefesselt von den unvergleichlichen Erlebnissen, die es mir bis heute nicht erlauben, vollständig in meine Alltagswelt zurückzukehren.

Der Jakobsweg hat in mir Spuren hinterlassen, ein Bewusstseinswandel hat stattgefunden: der Blick auf Gott, die anderen und mich selbst hat sich verändert. Ich bin eingetaucht in eine Gefühlswelt, die vermeintlich nur auf diesem einzigartigen Pilgerweg existiert und die allen, die bislang keine Gelegenheit hatten, diesen Weg zu wandern, schwer zu vermitteln ist. Der Faszination dieser Pilgerschaft kann sich wohl kaum jemand entziehen. Sie ermöglicht, sich weit in die Tiefen der persönlichen Gefühlssphäre hinabzulassen und neue Erfahrungen zu machen.

Bis jetzt bin ich nur unvollständig aufgetaucht aus dem Meer der bewegenden Eindrücke, die mein Leben auch nach meiner Rückkehr beeinflussen. Fortwährend stellt sich mir die Frage, warum meine Pilgerreise gerade so verlaufen ist, und in welchem Ausmaß und auf welche Art und Weise eine von mir empfundene Vorherbestimmung meines Weges stattgefunden haben könnte. Ständig bemühe ich mich, Erklärungen zu finden, und tief in mir fühle ich, dass mein Weg noch nicht zu Ende ist, irgend etwas gilt es noch zu erledigen.

Eine Möglichkeit zum Erreichen dieses diffusen Zieles zeichnet sich in dem für mich ungewöhnlichen Zwang ab, die

Geschehnisse auf meinem Weg zum Grab des heiligen Apostels Jakobus in einer Form zu verarbeiten, derer ich mich noch nie bedient habe. Ganz deutlich spüre ich das Bedürfnis, meine Erlebnisse niederzuschreiben und die spezifische Aura dieses Weges anderen Menschen zu vermitteln, sie an den Ereignissen teilhaben zu lassen, den Gefühlen und Gedanken, die jeder durchleben kann, der sich auf Pilgerschaft begibt und sich der einzigartigen Atmosphäre dieses mittelalterliches Weges nicht entzieht.

Genau genommen begann alles schon Weihnachten 2006, als mir meine Frau das Buch von Hape Kerkeling schenkte, in dem er über seine Reise auf dem Jakobsweg berichtet. Ich muss gestehen, zu diesem Zeitpunkt wusste ich zwar, dass es diesen Pilgerweg gibt, der in jüngster Zeit stetig zunehmenden Zulauf erfährt. Doch hatte ich mir noch keine Gedanken gemacht, was immer mehr Menschen aus aller Welt motiviert, eine Auszeit vom modernen Alltag zu nehmen. So fragte ich meine Frau, nachdem ich den Titel gelesen hatte, leicht irritiert: „Möchtest du mich loswerden?"

Etwas ironisch war ihre Antwort: „Braucht dich hier vielleicht jemand?"

„Na dann", entgegnete ich ganz lapidar.

Dass ich eineinhalb Jahre später selbst zu der Vielzahl von Menschen gehören würde, die sich aus den unterschiedlichsten Beweggründen auf ihren ganz persönlichen Weg machen und die zu Beginn ihrer Pilgerschaft nicht ahnen, was sie erwartet, war mir an diesem besonderen Tag, dem Fest von Christi Geburt, nicht bewusst.

Nachdem ich das Buch regelrecht verschlungen hatte, kreisten meine Gedanken je länger, je mehr fast zwanghaft um den Jakobsweg. Doch so einfach war das Vorhaben nicht zu realisieren, ich hatte ja schließlich eine Familie. Und deshalb wagte ich kaum, mit Freunden oder Bekannten über meine Absichten zu sprechen. Ganz vorsichtig tastete ich mich an mein Abenteuer heran. Anfangs orientierte ich mich in diversen Sportgeschäften und Wandershops, dabei stellte ich mit Genugtuung fest, dass dieser Bereich augenblicklich einen riesigen Boom erfährt. Ich konnte also nicht der Einzige sein, der „eben mal" weg wollte.

Als nächstes begann ich, mich sukzessive auszurüsten. Meine Frau konnte sich im wahrsten Sinne Stück für Stück auf mein Vorhaben einstellen und nahezu täglich verfolgen, wie sich meine Sammlung an Utensilien vervollständigte – und nahm dies meist kommentarlos hin. Mir schien, dass sie die Einzige war, die ahnte, nein: die wusste, dass es inzwischen sinnlos war, mich von meinem Plan abzuhalten. Natürlich war uns beiden bewusst, dass allein an ihr die Belastungen des Alltags hängenbleiben würden. Und so trat mir speziell in diesem Punkt mancherlei Unverständnis entgegen:

„Was willst du denn da?"

„Du kannst doch deine Familie nicht für so lange Zeit alleine lassen!"

„Was sagen denn deine Frau und deine Kinder dazu?"

„Du hast doch zu Hause Verantwortung zu übernehmen!"

Erstaunlicherweise berührten mich diese Einwände kaum.

Mir war nur eines klar, ich würde, musste diesen Weg gehen, mich auf Pilgerschaft mit meinen eigenen Füßen begeben, um den Mythos „Jakobsweg" zu erleben. Tief in mir war dieses Bedürfnis verankert, und ich wollte ergründen warum.

Mir war von Anfang an klar, dass sich die zu erwartenden persönlichen Veränderungen auch auf meine Familie und auf mein Umfeld auswirken würden. Wie und in welcher Form, davon hatte ich selbstverständlich keine Vorstellung. Offensichtlich hatte ich in meinem Leben einen Wendepunkt erreicht und suchte mehr oder weniger unbewusst nach einer Auszeit. Ich hatte mir vorgenommen, meinen Pilgerweg – wohin er mich auch immer leiten mochte – ohne Erwartungsdruck, sondern lediglich mit großer Offenheit und viel Gottvertrauen zu gehen. Ich wollte mich einreihen in den endlosen Pilgerzug, mich auf mich selbst reduzieren und meiner Seele Raum geben für spirituelles Erleben.

Ich wünschte mir von ganzem Herzen, dass es mein Weg, mein Camino werden würde.

Und morgen sollte es losgehen!

Spanien, braun, viel braun!

Ultreia: Passau bis Pamplona

Mich von jedem einzeln zu verabschieden, bringe ich nicht übers Herz, so nehme ich meinen Rucksack aus dem Kofferraum, beuge nur kurz meinen Kopf ins Auto und sage: „Ich hab euch alle sehr lieb, tschüss." Zu mehr bin ich momentan nicht in der Lage.

Meine Familie sehe ich nur noch fortfahren. Einen Monat lang müssen meine Frau und meine zwei Buben jetzt alleine den Alltag bewältigen. Ich stehe vor dem Bahnhofsgebäude und kämpfe mit den Tränen. Für einen Augenblick quält mich der Gedanke, ob ich verantwortungslos handle, indem ich für gut vier Wochen dem Familienleben einfach entfliehe. Doch bereits auf dem Bahnsteig sind diese Zweifel verflogen. Zu sehr bestimmt mein Anreiseplan jetzt meine Gefühlswelt. Ich hoffe lediglich, dass alles gut geht.

Im Zug suche ich mir ein freies Abteil und wähle eine großzügige Sitzgruppe für vier Personen. Meinen 11-Kilo-Rucksack, in dem meine Habseligkeiten für die kommenden Wochen verstaut sind, stelle ich vor mir ab. Bis zur Abfahrt in Richtung München verbleiben noch einige Minuten, so krame ich meinen Reiseführer hervor und blättere ihn zur Ablenkung mehr oder weniger planlos durch. Endlich schließen sich die Türen, und der Zug setzt sich in Bewegung.

Genau in dem Moment überkommt mich ein unbeschreibliches Gefühl von innerer Ruhe. Ich denke plötzlich an nichts mehr, sitze nur da und lasse diesen unerklärbaren Zustand auf mich wirken. Mit bewusst tiefen Atemzügen will ich diese angenehme Entspanntheit in mich hineinsaugen, sie förmlich in meinem Körper konservieren für meinen beginnenden Pilgerweg.

In den nächsten Minuten beschäftigt mich alles Mögliche: Ich denke an meine Familie zu Hause und hoffe, dass keinem etwas Schlimmeres zustoßen wird und ich alle gesund wiedersehe, ich denke an meine berufliche Situation und hoffe auf einen positiven Wandel, ich denke an meinen verstorbenen Vater und an meine verstorbene Großmutter und wünsche, dass sie mich auf diesem Weg beschützen, und nicht zuletzt hoffe ich auf ein gutes Gelingen meines Caminos, einen glücklichen Ausgang meiner inneren Suche.

Doch was bahnt sich da gerade an? Seit meiner Abfahrt in Passau genieße ich die wohltuende Stille in meinem Abteil, und nun erstürmt eine Gruppe von etwa zwanzig Frauen und Männern regelrecht mein Abteil, und alle freien Plätze um mich werden belagert – sogar meine bequeme Sitzgruppe. Links neben mir plaziert sich eine auffallend kleine, betagtere Frau und schräg gegenüber ein schätzungsweise 50jähriger Hüne, eine Mischung aus Helmut Kohl und dem russischen Boxriesen Valuev. Nur mein Rucksack hält tapfer die Stellung. Von einem Moment auf den anderen werde ich herausgerissen aus meiner Versunkenheit.

Es dauert eine Weile, bis ich bemerke, dass es sich um Taubstumme handelt. Beim Hereinstürmen war mir dies nicht gleich aufgefallen, denn einen solchen Elan und eine derartige Lebendigkeit hätte ich nicht erwartet. Völlig überrascht bin ich von ihrer Fröhlichkeit und der demonstrativen Unbekümmertheit, die sich in lautem und wildem Gestikulieren äußert, denn die Sprache als Werkzeug und Brücke zur Umwelt fehlt ihnen. Und doch spürt man förmlich, wie wohl sich die Gruppe fühlt, die in der Gemeinschaft regelrecht aufblüht.

Während ich meine Reisegefährten interessiert mustere, kramt die alte Frau neben mir eine ziemlich vertrocknete Semmel aus ihrem Täschchen und beginnt munter daran zu knabbern. Die Brösel, die sie dabei über unsere Sitzgruppe verstreut, könnten die Tauben des halben Markusplatzes sättigen. Doch dies scheint sie nicht zu berühren, sie wirkt nur zufrieden, während sich kleine Lachfalten um ihre Augen bilden.

Mittlerweile registriere ich, dass die meisten meiner Mitreisenden nicht völlig taubstumm sind, sondern sowohl ansatzweise sprechen als auch hören können. Die mir schräg gegenüber sitzende Kohl-Valuev-Mischung entpuppt sich als Chef der Gruppe. Zeitweise ist es mir unmöglich, meinen Blick von ihm zu wenden, denn trotz seiner ihm auferlegten sprachlichen Barrieren verströmt er neben einer heiteren Gemütsstimmung, die sich bei jedem Lacher durch das Aufblitzen seiner riesigen Zähne zeigt, eine beachtliche Souveränität und ein erstaunliches Selbstbewusstsein.

So ist er es auch, der mich bezüglich meines Rucksacks „anspricht" und mich nach meinem Reiseziel fragt. Als ich ihm bereitwillig antworte, dass ich mich für einen Monat nach Spanien auf den Jakobsweg begebe, fährt er sich sofort mit einer Hand über sein Gesicht und meint: „Braun, viel braun." Daraufhin erkläre ich ihm, dass ich im Norden des Landes unterwegs sein werde und die Temperaturen dort eher gemäßigt seien. Aber er lässt sich nicht irritieren und wiederholt: „Spanien, braun, viel braun", dabei gehen seine Augenlider hinter den Brillengläsern wie Rollläden für kurze Zeit zu, als wolle er mit aller Konzentration nach innen blicken.

Während meiner Reise mit diesen „lauten" Taubstummen erlebe ich eine unerwartete Geselligkeit und wünsche mir, auf meinem Pilgerweg ebenfalls auf Menschen zu treffen, mit denen ich Freude und Harmonie erleben kann. In Freising muss ich mich von meinen Weggefährten verabschieden, um in den Flughafenbus umzusteigen.

Mit einer Maschine der größten spanischen Luftfahrtgesellschaft fliege ich nach Madrid. Aufgrund der gesunkenen Flugpreise während der letzten Jahre – ich habe für meinen Hin- und Rückflug knapp 260 Euro bezahlt – kommt es infolgedessen bei den meisten Airlines zu Streichungen im Servicebereich. Vor allem die Bordverpflegung innerhalb Europas hat darunter zu leiden. Auf meinem Flug werden daher Getränke und Snacks nur zum Kauf angeboten. Von dieser Möglichkeit mache ich jedoch keinen Gebrauch, was sich noch rächen soll.

Kurz vor Madrid plagen mich plötzlich heftige Kopfschmerzen, die ich auf eine mangelnde Flüssigkeitsaufnahme seit den Morgenstunden zurückführe. Daher fülle ich während der Wartezeit auf den Weiterflug einem Kamel vergleichbar meinen Bedarf wieder auf, was die Beschwerden glücklicherweise erheblich reduziert. Doch beim Einsteigen in das kleine Flugzeug nach Pamplona überkommt mich schlagartig eine furchtbare Übelkeit. Ich kann mir nicht vorstellen, wie ich den knapp einstündigen Flug überstehen soll. Gleich beim Start greife ich zur Brechtüte, was der neben mir sitzenden Spanierin augenscheinlich äußerst peinlich ist. Allerdings kann ich das Schlimmste vermeiden.

Zu meiner Übelkeit gesellen sich jetzt darüber hinaus heftige Schweißausbrüche. Ich bin klatschnass und gebe wohl furchtbare Düfte von mir. Zwei hinter mir sitzende Österreicherinnen beobachten die Tragödie und erkundigen sich mitfühlend, ob sie mir helfen können. Dankend lehne ich ab, denn ich muss die Situation selbst meistern. Kurzzeitig verschwinde ich in der Bordtoilette, die ich aber wegen der schlechten Luft fluchtartig verlasse. Es ist mit Abstand der schrecklichste Flug, den ich je angetreten habe. Wegen der immer noch anhaltenden Übelkeit bin ich unglaublich erleichtert, als ich die Landung überstanden und wieder festen Boden unter den Füßen habe. Mit den beiden hilfsbereiten Österreicherinnen teile ich mir die Taxikosten für die kurze Fahrt ins Zentrum von Pamplona und bedanke mich für die angebotene Unterstützung.

Übrigens ist es nicht das letzte Mal, dass ich mit meinen Landesnachbarn positive Erfahrungen mache, auf meinem Camino werden sich in mancherlei Hinsicht etliche anschließen. So lange unsere alpenländischen Anrainer im Fußball gegen uns brav verlieren, werde ich nichts Negatives mehr über sie sagen!

Doch jetzt brauche ich erst etwas in meinen Magen. Mein erster Weg in Pamplona führt mich direkt in eine Bäckerei, um mir eine trockene Semmel zu besorgen. Am besten eine, wie sie die kleine taubstumme „Oma" heute vormittag genossen hat. Ich setze mich auf die nächstgelegene Bank, knabbere daran wie meine Zugnachbarin, und nach einigen Minuten ist alles ausgestanden. Zu diesem Zeitpunkt ahne ich nicht, welche Erfahrungen ich bezüglich Verpflegung auf meinem Pilgerweg noch machen werde und wie wichtig vor allem ausreichendes Trinken sein wird.

Frisch gestärkt greife ich nach meinem Reiseführer und versuche, mich in der knapp 200.000 Einwohner zählenden traditionsreichen Hauptstadt Navarras zu orientieren. Mein erstes Ziel ist die gotische Kathedrale, die ich problemlos recht bald ansteuere. Etwas abgekämpft, aber glücklich, mein erstes Etappenziel erreicht zu haben, stehe ich eine Weile vor dem imposanten Bauwerk, als ich überraschend von einer älteren Dame angesprochen werde: „Du siehst so hilfesuchend aus. Hältst du vielleicht Ausschau nach eine Herberge?" Und in der Tat versuche ich gerade, mich anhand meiner „Pilgerbibel" über eine geeignete Übernachtungsmöglichkeit zu informieren. Dennoch stelle ich der netten Frau erst einmal eine Gegenfrage: „Sind Sie die Besitzerin einer Herberge oder werben Sie Pilger an?" In freundlichem Ton gibt sie mir zu verstehen: „Nein, ich gehöre zu einer Gruppe von vier Pilgern. Wir sind heute erst in Pamplona angekommen. Und jemand hat uns genauso angesprochen, wie ich dich gerade. Wir wollten diese Hilfeleistung, die wir erfahren haben, gerne an andere weitergeben. Falls du eine Herberge suchst, sie ist gleich fünfzig Meter hier um die Ecke und macht einen sehr gepflegten Eindruck." Für ihre gutgemeinte Unterstützung bedanke ich mich herzlich, und erwartungsvoll betrete ich kurz darauf mein erstes Refugio.

Damit der Herbergsbetreiber, Hospitaliero genannt, meine Daten in sein Pilgerbuch eintragen kann, werde ich aufgefordert, meinen Pilgerausweis vorzulegen. Dieser Pass ist auf dem Weg eines der wichtigsten Dokumente und berechtigt, gegen einen geringen Obolus in den Herbergen zu nächtigen. Mein erster Stempel wird eingetragen, und ich muss noch fünf

Euro bezahlen. Der Hospitaliero führt mich zu den Schlafräumen und weist mir mein erstes Bett auf dem Camino zu. Ich setze meinen Rucksack ab und lasse mich nieder. Nun habe ich es geschafft, und etwas geschafft bin ich auch!

Während ich auf meinem Bett, besser gesagt auf meiner Matratze, ausruhe, gesellt sich ein Pilgerkollege, der das Hochbett über mir belegt hat, dazu. Es ist ein älterer, sehr schlanker Mann, mit dem ich mein erstes Gespräch von Pilger zu Pilger führen darf. Seine unaufdringliche, aber liebenswert aufmerksame Art nimmt sofort für ihn ein. Er ist Ire, 69 Jahre alt und Vater von vier erwachsenen Kindern. Am meisten beeindrucken mich seine Wanderstiefel, deren Sohlen sich bestimmt schon hunderttausendfach in den Staub und Schlamm der Wege gedrückt haben. Und so liegt nichts näher, als diesen wandererfahrenen Pilger gleich in ein Gespräch über die für morgen anstehende Etappe zu verwickeln. Mich interessiert vor allem, wie weit man mit einem schweren Rucksack an einem Tag marschieren kann. Als er mir sein angestrebtes Ziel nennt und ich in meinem Reiseführer den genannten Ort finde, bin ich reichlich überrascht, denn er ist immerhin 47 Kilometer entfernt. Auch das Streckenprofil erscheint mir nicht gerade leicht. Aber wenn ein fast 70jähriger das schafft, überlege ich, dürfte es auch für mich machbar sein.

Nachdem ich meinen Wissensdurst gestillt habe und sich der Ire auf sein Hochbett zurückzogen hat, verbringe ich die bis zur Nachtruhe verbleibende Zeit in den geschäftigen Straßen von Pamplona. In dieser Stadt, die nicht zuletzt wegen des Stierkampfes berühmt-berüchtigt ist, spaziere ich vorbei an der Arena mit der Ehrenbüste Hemingways, bewundere das Rathaus mit der prächtigen Barockfassade und schlendere an den alten Stadtmauern entlang. Schließlich genehmige ich mir ein Bier und ein kleines Sandwich, Appetit auf mehr habe ich nicht. Obgleich ich einen anstrengenden Tag hatte, will sich sobald kein Schlaf einstellen, noch lange Zeit liege ich wach in meinem Bett und lasse die Ereignisse Revue passieren.

Blechpilger und echte Pilger

Erfahrungen: Pamplona bis Lorca

Richtig zur Ruhe gekommen bin ich nicht in meiner ersten Nacht auf dem Camino. Viel zu aufgewühlt bin ich, zu viele Eindrücke habe ich zu verarbeiten, viel zu viele Überlegungen anzustellen, viel zu eingeengt habe ich mich im Schlafsack gefühlt, viel zu viele, viel zu viele, viel zu viele ... So bin ich froh, als der Morgen graut. Endlich darf ich mich erheben, endlich meine robusten Wanderschuhe ausprobieren, endlich den mir unbekannten Weg beschreiten, endlich, endlich, endlich ... Noch weiß ich nicht, was mir bevorsteht, was ich erleben werde, was mir Freude bereiten wird, was mich zum Weinen bringen wird, was mich, was mich, was mich ... Und so mache ich es einfach wie alle Pilger: erledige meine Morgentoilette, breche mein Nachtlager ab, verstaue alles im Rucksack und schnüre meine nagelneuen Stiefel.

Eigentlich kann es losgehen. Ein paar schnelle Worte gewechselt mit dem Iren, „Buen Camino" gewünscht – was soviel heißt wie „guter Weg" – und ab auf die Piste. Doch was ein echter Pilgerfreund ist oder einer werden will, der hat stets einen guten Ratschlag bereit für seinen Kameraden. Und das darf ich von meinem irischen Kollegen erfahren. Als er nämlich bemerkt, dass meine Schuhe aussehen, als kämen sie direkt aus der Fabrik, ich ihm das auch noch bestätige und ihm zu verstehen gebe, dass es meine größte Sorge sei, Blasen an den Füßen zu bekommen, muss er mir unbedingt einen alten Wandertrick verraten. Dazu zieht er einen seiner bereits geschnürten Stiefel aus und zeigt mir, dass er seine Socken links herum angezogen hat. Die Wulstnaht an den Zehen zeigt nach außen. Ich empfinde die Szene als ziemlich rührend, doch insgeheim denke ich „armer Geselle". Nun kann ich nicht mehr anders, schnüre auch einen meiner Schuhe auf und zeige ihm meine speziellen Wandersocken, die überhaupt keine Wulst aufweisen. Jetzt ist er beruhigt, und wir machen uns marschbereit.

Euphorisch gestimmt verlasse ich allein die Herberge, das Gewicht des Rucksacks auf dem Rücken, meine Stöcke in der Hand. Ich will erst einmal ohne Begleitung meinen Weg wandern. Dabei sind mir die Pilger, die etwa zeitgleich aufbrechen, eine willkommene Orientierung während der ersten Kilometer aus der Stadt heraus, denn ich muss noch lernen, auf die Markierungen zu achten und ein Gespür für den Weg zu entwickeln. Und so bin ich froh, zirka hundert Meter vor mir zwei rucksackbepackte Wanderer zu haben. Doch als sie pausieren, ich zu ihnen auflaufe und dann an ihnen vorbeiziehe, bin ich voll auf mich gestellt. Ganz konzentriert halte ich Ausschau nach den gelben Pfeilen, die an Bäumen, an eigens dafür aufgestellten Schildern und auch auf der Straße aufgemalt sind. Immer wieder blicke ich zurück, um mich zu vergewissern, ob mir andere Pilger folgen und ich mich auf dem richtigen Weg befinde.

Die äußeren Rahmenbedingungen sind günstig. Schöne Wege führen aus Pamplona hinaus, zunächst durch eine Parkanlage, vorbei an der Zitadelle, wieder durch Grünanlagen, und nach ein paar Minuten, in denen ich eine gewisse Sicherheit hinsichtlich der Streckenführung erlange, kann ich meinen Weg erstmals genießen. In einem kleinen Café am Ortsausgang versorge ich mich mit zwei Gebäckteilen, die ich sofort verdrücke. Das Wetter ist gemischt, teils stark bewölkt, immer wieder fällt leichter Nieselregen, und gelegentlich schaffen es einige Sonnenstrahlen, sich für einen kurzen Augenblick durch die Wolkendecke zu mogeln. Dann – nach fünf Kilometern – beginnt mein erster Aufstieg. Ich freue mich schon auf den Berg, da ich sowohl

Mein Start in Pamplona – die Calle del Carmen –
die alte Pilgerstraße

eine gute Verfassung als auch Kondition mit auf den Weg
bringe und hoffe, mein Körper wird sich den ungewohnten
Anstrengungen relativ schnell anpassen.

So werden mir die zu bewältigenden knapp 300 Höhenmeter bestimmt nichts ausmachen. Was aber den Unterschied
zwischen Kondition und dem Wandern in neuen Wander-
schuhen einschließlich Gepäck ausmacht, erfahre ich nur
allzu bald. Aber erst einmal stellt dieser sportlich nicht an-
spruchsvolle Berg kein großes Hindernis dar. Auf gut be-
gehbaren Schotterwegen beginnt zunächst eine leichte Stei-
gung. Später wird der Weg immer schmaler und steiler, und,
da es immer wieder kurz regnet, auch glitschiger.

Langsam nähere ich mich einer Gruppe von drei Pilgerinnen. Genau in dem Moment, als ich zu ihnen aufgelau-

fen bin, führt der Weg über fünf Holzstufen nach unten. Ich stehe direkt hinter den Frauen und beobachte, wie konzentriert und bedächtig sie die glitschigen Stufen nach unten schreiten. Wie in Zeitlupe und fast ängstlich erscheint mir ihre übertriebene Vorsicht. Als ich dann an der Reihe bin, dauert es genau zwei Stufen, bis ich auf dem Hosenboden sitze und die drei folgenden Stufen auf genau diesem herunterrutsche, um schließlich im klebrigen Matsch zu landen. Die drei Pilgerinnen blicken besorgt zu mir zurück, doch glücklicherweise ist bis auf eine verschmutzte Hose und Regenjacke nichts Schlimmeres passiert. Es ist im übrigen mein einziger Sturz auf meinem etwa 700 Kilometer langen Camino, denn ich weiß, meine Lehren zu ziehen.

Angekommen auf der Passhöhe des Puerto del Perdón ist mein erster Berg geschafft, und ich kann mich an dem hier aufgestellten Kunstwerk, den sogenannten Blechpilgern, erfreuen: einer Gruppe von etwa zehn Pilgern, die auf Pferden und Eseln ihren Weg bestreiten. Mein Auge kann sich kaum sattsehen, an den Pastellfarben von Wiesen, Äckern und fernen Hügelketten. Wie ich den nun folgenden steilen und steinigen Abstieg bewältige, ist eigentlich selbstverständlich und nicht erwähnenswert – nämlich höchst konzentriert und respektvoll.

Im nächsten Dorf betrete ich dann meine erste Camino-Bar. Doch im Gegensatz zu den meisten Pilgern, die draußen an den Tischen Platz genommen haben, um sich einen Milchkaffee und eine kleine Brotzeit einzuverleiben, versorge ich mich lediglich mit Obst und wandere ohne Rast weiter. Ich will ja heute abend wieder auf den Iren, meine erste Kontaktperson auf dem Jakobsweg, treffen, und der plant ja, bis Estella zu wandern, was ich ebenfalls schaffen möchte.

Wieviel ich noch zu lernen habe auf diesem Weg und vor allem, auf welche Weise ich lernen werde, weiß ich zum Glück noch nicht. So marschiere ich zielstrebig weiter bis ins nächste Dorf, wo ich auf einen Deutschen aus Gedern treffe, mit dem ich gleich ins Gespräch komme. Er ist zirka Mitte Fünfzig und macht einen sehr fitten Eindruck, so dass ich die

Die Blechpilger

Gelegenheit nutze, mich von seinem Marschtempo mitziehen zu lassen, um möglichst rasch vorwärtszukommen. Genau wie ich ist auch er allein unterwegs und deutet mir kurz an, dass er eine persönliche Auszeit genommen habe. Gemeinsam laufe ich mit ihm bis in den nächsten größeren Ort. Bei der ehemaligen Templerkirche erreichen wir Puente la Reina, wo mein Begleiter seinen heutigen Marsch beenden möchte.

Aber das kann doch nicht sein, denke ich, es ist doch noch früh, und von Pamplona bis hierher sind es nur 25 Kilometer. Das ist doch nicht die Welt, außerdem kann man doch nicht am Nachmittag schon aufhören zu wandern. Und im übrigen wird mein irischer Freund sicherlich auch weiterlaufen. Für mich gibt es keine lange Überlegung, ich verabschiede mich freundlich von dem Gederner und bin voller Elan bald wieder auf der Piste.

Nach Verlassen des Städtchens führt mein Weg durch idyllische Landschaften nahe einem Flusslauf, am Wegesrand säumen bunte Blumen den schmalen Pfad. Die mich umgebende Stille ist geradezu greifbar. Anfangs genieße ich diese angenehme Ruhe, doch nach einigen Kilometern bemerke ich irritiert, schon seit über einer Stunde keinem anderen Pilger begegnet zu sein. Offensichtlich bin ich neben dem Iren der einzige Irre, der um diese Zeit noch eine weitere Etappe bewältigt.

Schon längst erwarte ich die nächste Ortschaft – leider vergebens. Dann, nach etwa einer Viertelstunde, stehe ich plötzlich vor einer riesigen Rampe. Ein scheinbar endlos langes Band aus roter Pampe, dessen Spitze nicht einsehbar ist, erstreckt sich gen Himmel. Doch mir bleibt keine Wahl, ich muss da hinauf. Mitten im Hang pausiere ich kurz, greife zu meiner Wasserflasche – und nehme den letzten kleinen Schluck! Die Sonne, die sich seit Mittag ihren Weg durch die Wolken erkämpft hat, scheint jetzt gnadenlos auf mich herab. Völlig verschwitzt komme ich oben an, setze meinen Rucksack ab und schnaufe für einige Augenblicke durch. Lange kann ich hier nicht bleiben, ich muss weiter. Zum ersten Mal stelle ich besorgt fest, wie meine Kräfte schwinden; die Beine werden immer schwerer, das ungewohnte Gewicht des Rucksacks belastet die Schultermuskulatur, und der Kreislauf scheint etwas aus dem Lot. Zwangsläufig werde ich langsamer und begegne keiner Menschenseele!

Dann – völlig unerwartet – laufe ich in einem kleinen, weltverlorenen Nest mit windschiefen Schindeldächern zum zweiten Mal an diesem Tag auf eine Gruppe von drei Pilgerinnen auf. Sofort nimmt die ältere, sehr schlanke Maria mit mir Kontakt auf, die beiden anderen, zwei Schwergewichte, trotten langsam vor uns her. Innerlich bin ich unbeschreiblich froh, auf diese Gruppe gestoßen zu sein, die zu diesem Zeitpunkt genau die richtige Marschgeschwindigkeit für mich hat. Natürlich will ich dies nicht zugeben. Mehrmals werde ich von den Dreien ermutigt, mich von ihnen nicht aufhalten zu lassen und davonzuziehen. Aber nur ich weiß, warum ich ihr Angebot ablehne.

Königinnenbrücke in Puente la Reina

Nach zirka einem Kilometer kommen wir an einer meterlangen Schlickgrube vorbei, die links und rechts durch lehmige, zu passierende Abrutschkanten begrenzt ist. Diesmal will ich mich bei dem Frauentrio nicht blamieren, gehe höchst konzentriert voraus und bewältige die Passage problemlos – die Frauen übrigens auch.

Da Maria, kurz nachdem wir dieses glitschige Hindernis geschafft haben, sehr langsam wird, schließe ich mich den beiden Schwergewichten, Christine, genannt Schiddi, und Irene an. Zu dritt marschieren wir gemächlich auf das malerische Dorf Cirauqui zu. Marschieren ist leicht übertrieben, denn die beiden hinterlassen zu diesem Zeitpunkt einen noch abgekämpfteren Eindruck als ich. Die Schweißperlen stehen ihnen auf der Stirn. Kein Wunder, denn sie haben neben dem Rucksack auch ihr eigenes, nicht zu knappes Körpergewicht mitzuschleppen.

In der Ortschaft angelangt, verschnaufen die beiden auf der nächsten sich bietenden Bank. Im gleichen Moment kommt eine Gruppe von sogenannten Bus- bzw. Spaßpilgern aus der nahen Kirche geströmt. Nachdem sie sich wechselseitig vor dem spätromanischen Portal fotografiert haben, entdecken sie die beiden völlig abgekämpften und verschwitzten Schwergewichte, zücken sogleich erneut ihre Kameras und lichten sie ungeniert von allen Seiten ab. Zwei so erschöpfte Pilger sind ihnen noch nie vor die Linse gekommen. Ich beobachte die Szene ein wenig irritiert, unsicher, ob ich mich amüsieren oder empören soll. Wie Tiere im Zoo werden die beiden behandelt, zur Krönung fehlen nur noch dargereichte Bananen.

Als die Pseudopilger ob ihrer einzigartigen Fotos befriedigt abgezogen sind, überwinde ich mich und bitte Irene, mir von ihren Trinkvorräten etwas abzugeben, da ich schon seit mehr als einer Stunde ohne Wasser unterwegs bin und dem Verdursten nahe. Da die lebenslustige, 63jährige Hessin das zu ihrem Körperumfang passende Herz hat, teilt sie ohne Zögern. Auch ihre 42jährige Freundin Schiddi zeigt sich mitfühlend und bietet mir eine erste Zigarette nach mehreren Stunden Abstinenz an.

Mittlerweile ist auch Maria eingetroffen, und ich erfahre, dass sie allein auf Pilgerschaft ist und nur kurzzeitig mit Schiddi und Irene wandert, die den Weg nach Santiago zusammen bestreiten. Da Maria in diesem Ort noch einige Zeit verweilen möchte, entschließen wir uns, ohne sie weiterzugehen. Von Anfang an fühle ich mich bei den beiden Frauen recht wohl und habe keineswegs den Eindruck, sie in ihrer Zweisamkeit zu stören, im Gegenteil, ich scheine ihnen eine willkommene Abwechslung zu sein, und so nehmen wir unser für heute neu anvisiertes Tagesziel Lorca gemeinsam in Angriff.

Der Weg dorthin gestaltet sich wider Erwarten noch sehr beschwerlich, doch mit dem ansteckenden, erfrischenden Humor der beiden ist es dann doch zu schaffen. Unterwegs bekomme ich von Irene nochmals zu trinken, und ich kann mich bei Schiddi mit dem einen oder anderen Müsliriegel revanchieren, um ihren plötzlich auftretenden Heißhunger zu dämpfen. Wir ergänzen uns prima und haben trotz der Anstrengungen reichlich Spaß.

Etwa zwei Kilometer vor Lorca wird unser Trio von einem Mann überholt, den ich schon fast vergessen habe – mein irischer Pilgerfreund, der ebenfalls in Lorca Station machen will. 39 Kilometer scheinen auch ihm ausreichend zu sein. Etwas ausgepowert und ziemlich durstig, aber zufrieden erreiche ich mit den beiden Frauen mein erstes Tagesziel auf dem Camino und bin in der Pilgerschaft angekommen. Nur meine schmerzenden kleinen Zehen beunruhigen mich, die anscheinend in den neuen Wanderstiefeln nicht den Platz gefunden haben, der notwendig ist, um nicht ständig am Leder zu scheuern. Die so gefürchteten Blasen deuten sich an.

Meine beiden Begleiterinnen haben die lange Etappe großartig gemeistert, haben tapfer gekämpft, sehen aber auch sehr abgekämpft aus. Unser gemeinsames Pilgermenü am Abend einschließlich des vorzüglichen spanischen Rotweins haben wir uns redlich verdient. Vor dem Zubettgehen sitzen wir noch lange zusammen, lernen uns näher kennen und tauschen Erfahrungen aus.

Irene ist der Pumuckl

Läuterung: Lorca bis Los Arcos

Im Vergleich zur Vornacht habe ich trotz der vielen anderen Pilger richtig erholsam geschlafen. Die Gründe hierfür liegen auf der Hand. Gestern abend war ich nicht mehr so aufgewühlt, sondern mit meinem ersten Wandertag vollauf zufrieden, an dem ich schon soviel erreicht habe. Ich durfte meine Grenzen kennenlernen, die Route testen – einschließlich ihrer Tücken –, traf nette Pilger und freute mich über deren Hilfsbereitschaft, konnte meine Wanderschuhe einlaufen und schließlich mich jenseits des Alltags Schritt für Schritt selbst erfahren.

Bereits jetzt ist mir klar, dass es auf dem Camino nicht viel zu überlegen gibt. In der Pilgerwelt zählt jeder Tag für sich. Man muss es einfach geschehen lassen, genau das machen, was gerade nötig ist, und sich das nehmen, was man braucht. Ich bin richtig überrascht, wie nüchtern ich heute Morgen den Tatsachen ins Auge sehe. Ich fühle mich schon als kleiner Pilgerexperte.

Und so weiß ich auch, dass ein ordentliches Frühstück bestimmt ein guter Start ist. Zu dritt sitzen wir vor gedeckter Tafel und genießen die morgendliche Ruhe. Mit dem Genießen ist es allerdings vorbei, als ich vor dem Verlassen der Herberge in die Wanderstiefel steige. Ich kann mich nicht erinnern, dass es gestern da drinnen so eng zuging. Vor allem für meine kleinen Zehen scheint heute kein Platz vorgesehen. Schon bei den ersten Schritten fangen sie an, sich mit dem Innenleder einen erbitterten Kampf zu liefern.

Schiddi und Irene

Um sie nicht über Gebühr zu strapazieren, beschließe ich, erst einmal das Wandertempo von Irene und Schiddi anzunehmen. An der romanisch-gotischen Dorfkirche vorbei verlassen wir Lorca, einem Bummelzug ähnlich und nicht zu vergleichen mit meinem gestrigen Anfangstempo bewegen wir uns zunächst durch einen Eichenhain. Im weiteren Verlauf wird unser Marsch von vielen kleineren Pausenstopps unterbrochen, die hauptsächlich von Irene beansprucht werden. Aber nichtsdestotrotz macht es mir Spaß, mit den beiden Mädels zu wandern. Irenes direkte Art, die alles gleich auf den Punkt bringt, ohne viel zu überlegen, und die unkomplizierte, manchmal in sich gekehrte Schiddi sind mir bereits ans Herz gewachsen. Und selbstverständlich kommt meinen Zehen unsere gemächliche Gangart sehr entgegen.

Doch nach einigen Kilometern – wir haben gerade das erste Dorf passiert – packt mich von einer Sekunde auf die andere wieder meine Lauflust, und ich gebe ihr nach. Ich spaziere gerade zehn Meter vor den beiden her, als ich mich kurz umdrehe, meine beiden Stöcke in die Höhe strecke und rufe: „Mädels, ich muss weiter. Macht es gut!" „Du auch", erwidern sie fast gleichzeitig.

Ohne mich noch einmal umzuschauen, ziehe ich den beiden davon. Ich beschleunige wieder auf mein gestriges Tempo und hoffe, dass meine Zehen das halbwegs akzeptieren. Nach etwa vier Kilometern erreiche ich das schon für gestern anvisierte Estella. Beim Passieren der „Sternenstadt", in der alte Brücken, Wegsteine und selbst das Straßenpflaster an die Blüte des Pilgertums im Mittelalter erinnern, versorge ich mich ausreichend mit Proviant und Wasser. Guten Mutes, obgleich meine Zehen stärker als gewünscht zu rebellieren beginnen und ich sie bei jedem Schritt deutlich spüre, marschiere ich, wenn auch mit gebremsten Tempo, weiter.

In der nächsten Ortschaft treffe ich auf drei Italiener, die mir gestern schon über den Weg gelaufen sind und nun am Rande eines Spielplatzes pausieren. Einer hat seine Schuhe ausgezogen, um für etwas Durchlüftung zu sorgen. Jetzt werde auch ich neugierig und will wissen, wie es um meine kleinen Zehen nach gut zehn Kilometern bestellt ist. Ich ziehe Schuhe und Socken aus, und sofort leuchtet mir der Grund meiner Schmerzen entgegen: zwei riesige, weiße Blasen an den Spitzen meiner Zehen. Richtig erschreckende Gebilde, die meine kleinen Zehen optisch viel größer erscheinen lassen. Dieses Übel, auf das ich mit dem Italiener blicke, habe ich bereits geahnt. Auch sonst zählen meine Füße nicht gerade zu den wohlgeformtesten Körperteilen und entsprechen keineswegs dem klassischen Schönheitsideal. Neben einem sogenannten Senkspreizfuß wirken meine kleinen Zehen auf den Betrachter, als wären sie Fremdteile, die nicht zu den vier anderen gehören. Man kann nicht gerade von schönanliegend sprechen – wenn man es nüchtern betrachtet, gelangt man eher zu der Überzeugung, als möchten sie mit den anderen nichts zu tun haben und schauten deshalb in eine ganz andere Richtung. Und ob dies nicht schon genug wäre, gesellt sich am Rist eines jeden Fußes auch noch ein riesiges Überbein. Aber sonst ist alles in Ordnung mit mir.

Mein italienischer Pilgerfreund, der ganz stolz ist, seine spärlichen Deutschkenntnisse an mir anwenden zu können, ist sichtlich froh, dass bei ihm alle Zehen wunderbar anliegend sind. Um mein Problem etwas einzudämmen, rät er mir, Pflaster auf die Blasen zu kleben. Im gleichen Zug ruft er seine beiden Freunde herbei, damit auch sie einen Blick auf meine Füße werfen können. Jetzt bin ich das Zooobjekt, und jeder hat etwas anderes zu bemängeln. Diese Begutachtung läuft selbstverständlich nicht so ernsthaft ab wie bei einem Arztbesuch, sondern wird von uns allen als lustige und willkommene Unterhaltung empfunden – nur ich habe den Schwarzen Peter.

Ich klebe mir jeweils ein Pflaster um die kleinen Zehen und ziehe meine Socken wieder an. In einem Kauderwelsch aus Deutsch und Englisch kommen wir zufällig auf meinen irischen Pilgerfreund zu sprechen, und ich erfahre, dass er auf dem Camino bereits einen Spitznamen erhalten hat: „Jack, the rabbit." Mir gefällt dieser Name.

Die drei Italo-Pilger machen sich wieder auf den Weg, und ich trotte ihnen in immer größer werdender Distanz hinterher, bis sie irgendwann am Horizont verschwinden. Ich muss anfangen, meinen eigenen, meinen von mir als entschleunigt bezeichneten Camino zu gehen. Durch wunderschöne, verträumte Wäldchen führt mein Weg. Immer bergauf und bergab, wobei bergab das weitaus schlimmere Übel ist, denn hierbei stoßen meine Zehen ständig vorne an den Schuhrand. Zum Glück steht jetzt ein Anstieg von zirka 200 Höhenmetern an, was mir nicht viel ausmacht. Oben angekommen habe ich eine herrliche Sicht über die spanischen Weinanbaugebiete. Die Temperaturen sind angenehm, und für einen kurzen Moment werde ich durch die landschaftlich reizvolle Gegend von meinen immer stärker werdenden Schmerzen abgelenkt. Gleichzeitig weiß ich, dass bis zu meinem geplanten Tagesziel ein zwölf Kilometer langer, wenn auch nicht allzu steiler Abstieg bevorsteht. Wegen meiner Blasen habe ich erhebliche Bedenken, und so beginne ich gemächlich und in kleinen Schritten. Auf den nächsten Kilometern, auf denen meine Beschwerden immer größer werden, versuche ich alles Erdenkliche: ich laufe rückwärts, bewege mich im Watschelgang mit nach außen gespreizten Füßen, und zeitweise laufe ich auf den Fersen. Während ich gerade darüber nachdenke, wie ich mein heutiges Etappenziel mit meinen wunden Füßen erreichen soll, erblicke ich ein kleines Schild am Wegesrand: „200 m Bus / Bar".

Ich kann wirklich nicht mehr weiter. Zugleich überlege ich: „Ich werde doch nicht schon am zweiten Tag mit dem Bus fahren!" Ich bleibe kurz stehen, gehe dann aber weiter. Nach zirka 100 Metern bleibe ich nochmals stehen und überdenke meine Situation erneut. Wäre es nicht höchst unvernünftig, meine Füße bereits am zweiten Tag gänzlich zu ruinieren? Kurzerhand entschließe ich mich, in Richtung Bushaltestelle zu humpeln. Plötzlich empfinde ich diese Entscheidung nicht mehr als Schwäche, sondern als persönliche Stärke, als Eingeständnis der körperlichen Qualen. Von diesem Zeitpunkt an weiß ich, dass es nur einen Camino gibt – nämlich den eigenen. Und ich wünsche jedem, seinen ganz persönlichen Weg zu finden.

In der kleinen Bar neben der Busstation erkundige ich mich nach der nächsten Verbindung zu meinem Zielort Los Arcos. Aus der Viertelstunde Wartezeit, wie mir die Bedienung aus der Bar mitgeteilt hat, werden schließlich vierzig Minuten. Als der Bus endlich vor meinen Füßen stoppt, steige ich völlig erschöpft ein. Mit aufgesetzter Sonnenbrille und mit meinem Schlapphut auf dem Kopf gehe ich durch die Reihen und traue meinen Augen nicht, als ich völlig unerwartet Irene und Schiddi entdecke. Wir begrüßen uns mit einem spontanen Jubelschrei und beginnen sofort, unsere heutigen Erfahrungen auszutauschen. Die beiden Frauen wanderten nach unserem kurzen Abschied nur noch bis Estella. Während ich mir schmerzhafte Blasen lief, vertrieben sich Irene und Schiddi die Zeit in dem einen oder anderen Café. Dass wir nun zusammen im Bus fahren, können wir kaum fassen. Der Camino hat uns wieder zusammengeführt.

Im Verlauf unseres eifrigen Informations- und Erlebnisaustausches stellen mir die beiden ein etwa 60jähriges Ehepaar aus Wien vor, das schon zum dritten Mal auf dem Camino unterwegs ist. In Los Arcos steigen wir gemeinsam aus und lassen uns von dem Ehepaar in eine ihm bekannte und von Österreichern geführte Herberge geleiten. Als wir schließlich im gleichen Schlafraum einquartiert sind und ich meine Blasen präsentiere, werde ich sofort von der erfahrenen Österreicherin medizinisch bestens versorgt. Bisweilen erscheint es mir unerklärlich, weshalb man von fast Unbekannten eine derartige Fürsorge erfährt. Unter der Regie der charmanten Wienerin fühle ich mich richtig bemuttert und behütet, und für meine lädierten Füße ist es eine Wohltat.

Meine Blasen werden vor dem Aufstechen mit Desinfektionsmittel besprüht, ebenso wie meine angerostete Schere, die ich dazu verwende. Nach dem Auslaufen der Flüssigkeit und Abtupfen der Wunden werden zum Abschluss der Behandlung spezielle Blasenpflaster aufgeklebt. Besser kann es für mich nicht laufen. Was ich allerdings jetzt noch nicht erkenne, sondern erst später schmerzlich erfahren werde, sind die Folgen der luftundurchlässigen Pflaster. Nachdem ich mich für die Hilfeleistung bedankt habe, verschwindet die nette Landesnachbarin nach draußen. Mit ihrem Mann unterhalte ich mich über die jeweiligen Reiseplanungen, wobei wir unter anderem auch auf das Thema Flugkosten zu sprechen kommen. Ich erfahre, dass die beiden Österreicher mit derselben Fluggesellschaft angereist sind wie ich und schon zum dritten Mal über eine vermeintlich günstige Organisation gebucht haben. Pro Flug zahlten sie dabei zirka 700 Euro. Freudig informiere ich ihn, wie er künftig Geld sparen kann, denn mein erst zwei Wochen vor Reiseantritt über ein Reisebüro gebuchtes Ticket kostete weit weniger als die Hälfte. Ich finde sogar noch den Rechnungsbeleg in meinem Rucksack, den ich ihm gerne überlasse. Als seine Frau einige Minuten später wieder im Schlafraum erscheint und ihr Mann darüber berichtet, reagiert sie nicht wenig erstaunt. Ich aber bin zufrieden, mich mit diesem Hinweis für das fürsorgliche Verarzten revanchieren zu können.

Da Samstag ist, versorgen Irene, Schiddi und ich uns noch schnell im kleinen, örtlichen Laden mit Proviant, bevor wir morgen möglicherweise vor verschlossener Tür stehen. Ich entscheide mich für Baguette, Ziegenkäse und ein Scheibchen Wurst, zusätzlich nehme ich noch zwei Bananen mit. Irene und Schiddi verzichten auf die Bananen und bevorzugen ihrem

Umfang angemessen etwas dickere Scheiben Wurst und Käse. Schließlich kaufe ich noch einen Liter Milch.

Auf dem Rückweg von unserem Einkaufsbummel schlendert Irene wenige Meter vor mir her. Als ich sie so dahinwatschelnd betrachte, kommt mir urplötzlich ihre Ähnlichkeit mit einer Figur aus einer bayerischen Fernsehsendung in den Sinn. Irene – ihre kurz geschnittenen, zu Berge stehenden roten Haare, ihr rundlicher Umfang, ihr schlabbriges gelbes T-Shirt, die rötlich unterlegte Nasenspitze und ihre enge, die großen Pobacken umschließende Dreiviertelhose spiegeln diese vor allem bei Kindern als Trickfigur sehr beliebte Gestalt ganz und gar wieder. Irene ist die perfekte Personifizierung dieser Figur – Irene ist der Pumuckl.

Innerlich muss ich bei diesem Gedanken gleich schmunzeln, den ich selbstverständlich nicht für mich behalten kann. Also gehe ich zu Schiddi und flüstere ihr meinen Vergleich ins Ohr. Sofort fängt sie an zu lachen. Irene dagegen kann sich unsere Heiterkeit nicht erklären und erkundigt sich nach unserer Tuschelei. Ohne auf Irenes Reaktion einzugehen, teilt mir Schiddi mit, dass ich bereits der Zweite sei, der diesen Vergleich heute anstelle. Natürlich müssen wir wieder loslachen, worauf Irene etwas konsterniert blickt. Um sie nicht länger im Unklaren zu lassen, wird das Geheimnis kurzerhand gelüftet. Irene findet zunächst ihren Spitznamen überhaupt nicht spaßig. Doch ich habe mir in den Kopf gesetzt, dass es dabei bleiben soll, und so wird aus Irene Pumuckl. Dass sie unter diesem Namen auf dem Camino einmal fast Kultstatus erlangen wird, kann zu diesem Zeitpunkt noch niemand ahnen.

Als wir später gemeinsam im Aufenthaltsraum essen, werde ich von allen Seiten wegen meiner Milch etwas komisch angeschaut. Erfolglos versuche ich, einen Teil davon anzupreisen. Es ist müßig zu erwähnen, dass dies mein letzter Liter Milch auf dem Camino ist. Vom Rotwein, den die anderen zu ihrer Brotzeit genießen, bleibt natürlich kein Tropfen übrig.

Kurz nach dem Abendessen verbreitet sich Unruhe in der Herberge. Angeblich soll heute noch eine Stierhatz durch die Straßen starten, die Vorbereitungen seien bereits in vollem

Gange. An den Stellen, an denen die Stiere getrieben werden, errichtet man schon Barrikaden. Ganz gespannt stehen wir vor diesen und können das Spektakel kaum erwarten. Nicht gerade furchterregend wirken die drei Exemplare, die die Straße zuerst hinauf- und dann wieder hinunterlaufen. Dreimal wiederholt sich dieses Schauspiel. Zumindest beim letzten Vorbeilaufen machen die Stiere einen recht ermüdeten Eindruck.

Ein junger Erfurter aus unserer Herberge kann nicht widerstehen, den Tieren Paroli zu bieten. Beim Versuch, vor den Stieren über die Barrikaden zu klettern, wird er von einem zwar nicht auf die Hörner genommen, jedoch erwischt. Glücklicherweise trägt er nur leichte Schürfwunden davon. Abends erzählt er, dass er sich besser mit festem Schuhwerk auf dieses Abenteuer eingelassen hätte, anstatt mit Badelatschen – und seine Freundin zu Hause dürfe dies nie erfahren.

Nach dieser Abwechslung lege ich mich auf meinen Schlafsack und reflektiere meine ersten zwei Pilgertage. Mir wird klar, dass angesichts meiner Blasen für die nächsten Tage Distanzen von über dreißig Kilometern weder möglich noch nötig sind. Ich hoffe nur, dass die Schmerzen beim Wandern einigermaßen erträglich bleiben. Von meinem Bett aus beobachte ich Irene, Schiddi und noch einige andere Pilger, wie sie im Innenhof der Herberge eine Karaffe Wein nach der anderen leeren und entsprechend fröhlicher und lauter werden. Da ich einen sehr guten Blick auf Irene habe, kann ich genau die Verfärbungen in ihrem Gesicht verfolgen. Ausgehend von der Nasenspitze verbreitet sich eine immer deutlichere Rötung. Diesen Effekt werde ich künftig bei meinem Pumuckl noch häufiger feststellen.

Magisch angezogen von dieser feuchtfröhlichen Runde geselle ich mich zu ihnen. So lerne ich das junge Münchener Paar Frank und Sabine kennen, eine ältere Pilgerin namens Gisela, und auch der Erfurter Stierläufer kommt später noch hinzu. Zusammen genießen wir die Zeit vor dem Zubettgehen und ordern die eine oder andere Karaffe von dem süffigen Nass, bis die Wirtin schließlich abwinkt. Auf die schon Schlafenden Rücksicht nehmend, begeben wir uns in heiterer Stimmung erst recht spät auf unsere Matratzen.

Elefantenrüsselsolo und Wildkatzenfauchen

Leidenszeit: Los Arcos bis Viana

Nach einem gemeinsamen Frühstück mit Schiddi und Pumuckl, die sich langsam an ihren neuen Namen zu gewöhnen scheint und über Nacht wieder eine normale Gesichtsfarbe angenommen hat, entschließe ich mich, allein aufzubrechen, um für mich und meine Blasen die richtige Marschgeschwindigkeit zu finden. Als möglichen Treffpunkt für heute nachmittag haben wir während unserer gestrigen, feuchtfröhlichen Sitzung die Großstadt Logroño ins Auge gefasst.

Ganz fixiert auf die Frage, inwieweit so ein Blasenpflaster Schutz und Schmerzhemmer für meine kleinen Zehen sein kann, verlasse ich die Herberge erst einmal in die falsche Richtung. Nach einigen Minuten werde ich zum Glück von einem aufmerksamen Passanten angesprochen und in die richtige Spur geschickt.

Direkt am Ortsausgang von Los Arcos treffe ich auf einen etwa 25jährigen Deutschen, der schon zur frühen Morgenstunde einen ziemlich abgekämpften Eindruck macht. Als ich ihn nach seinem Namen frage, erklärt er mir, dass ihm vor ein paar Tagen die Titelmelodie eines Kinofilms nachgepfiffen worden sei, was er zum Anlass genommen hat, sich den Namen des Filmhelden anzueignen. So nennt er sich jetzt „Indiana Jones".

Anscheinend ist es weitverbreitet, auf dem Camino in eine neue Identität zu schlüpfen und die alte während der Pilgerphase abzulegen. Diese Namensmetamorphose erleichtert wohl dem einen oder anderen, den Prozess der Selbstfindung voranzutreiben – sicherlich einer der Hauptgründe, diesen Weg zu wandern. Und so entledigt man sich temporär des eigenen Namens.

Doch der junge Pilger hat bis auf seinen tief ins Gesicht gezogenen Cowboyhut mit dem Titelhelden aus der gleichnamigen Abenteuerfilmreihe wenig gemeinsam. Steven Spielberg hat gut daran getan, für seine weltweit erfolgreiche Kinoserie einen Darsteller wie Harrison Ford zu wählen, von dessen souveräner Ausstrahlung mein selbsternannter Held weit entfernt ist. Aber wenn es ihm hilft, entscheide ich insgeheim, werde ich ihn halt „Indy" nennen – und seine Selbstfindung forcieren.

Wir wollen uns den Camino ein Stück gemeinsam erschließen. Wie man unschwer erkennen kann, hat mein junger Held große Probleme mit seinem rechten Kniegelenk. Da er trotz der morgendlichen Kühle eine kurze Hose trägt, ist der dicke Verband über seinem Knie nicht zu übersehen, infolgedessen er sich auch nur humpelnd vorwärtsbewegt. Seine Marschgeschwindigkeit ist arg gedrosselt, was meinen frisch aufgestochenen Blasen sehr entgegenkommt. Wie aus dem Russlandfeldzug heimkehrende Kriegsversehrte bewegen wir uns vorwärts. So ist es wenig verwunderlich, dass uns viele Pilger überholen, unter anderem auch das hilfsbereite Wiener Ehepaar. Höflich werde ich nach meinem Befinden befragt, worauf ich auf die stechenden Schmerzen an meinen Zehen verweise.

Insgesamt acht Kilometer bis zu unserem ersten Kaffeestopp wandere ich gemeinsam mit meinem Leidensgenossen, währenddessen es zu keinen tiefgründigen Gesprächen kommt, denn jeder ist mit seinen eigenen (Schmerz-) Problemen beschäftigt. So bin ich froh, meinen Milchkaffee gemütlich am Tisch des netten österreichischen Ehepaars trinken zu können. Bei einem lockeren Plausch berichten mir die beiden, dass ihr Schwiegersohn Arzt sei und sie mit einem großzügigen medizinischen Notfallpaket ausgestattet habe. Vorsorglich erhalte ich von den beiden einige Schmerztabletten, die sie mir wegen der entzündungshemmenden Wirkung besonders empfehlen. Angesichts meiner inzwischen fast unerträglichen Qualen schlucke ich sogleich eine. Während unserer Plauderei kommen wir unter anderem auch auf meinen Pumuckl zu sprechen, wobei mir Irenes erstaunliche Ähnlichkeit mit der Trickfigur bestätigt wird. Und wie es der Zufall will, stürmt sie zusammen mit ihrer Freundin Schiddi gerade in die Bar. Tapfer haben sie sich auch diesen Teilabschnitt erkämpft. Vor allem für Irene ist dieser Weg eine echte körperliche Herausforderung. Während des vergangenen Jahres hat sie über 20 Kilogramm abgespeckt, um diesen Pilgerweg überhaupt wandern zu können. Hut ab vor dieser Willensstärke und Disziplin!

Bei unserem gestrigen Umtrunk hat mir Irene erzählt, wie wichtig für sie der Jakobsweg ist, und mir ihre Beweggründe genannt, diesen Weg zu gehen. In ihrem Leben war sie immer wieder Schwierigkeiten aus dem Wege gegangen, im privaten wie im beruflichen Bereich kapitulierte sie vor Problemen. Immer blieb es bei Vorsätzen, der Mut und die Entschlossenheit für die Umsetzung ihrer Pläne fehlte ihr. Mit dieser Pilgerreise hat sie nun endlich ein Vorhaben realisiert – und sich einen langersehnten Traum erfüllt. Dabei waren die Voraussetzungen keineswegs günstig: Ursprünglich wollte ihre Schwester sie begleiten, doch als diese krankheitsbedingt ausfiel, schien auch dieser Plan gefährdet, bis die Freundin Schiddi sich spontan bereitfand. Für beide zählt weniger die sportliche Leistung, die gewanderten Tageskilometer sind nebensächlich, als vielmehr das Beisammensein und das gemeinsame Erreichen eines gesteckten Ziels, auch wenn gelegentlich ein alternatives Fortbewegungsmittel gewählt wird.

Ganz allein begebe ich mich jetzt auf die Strecke und verspüre bereits nach wenigen Minuten eine sehr deutliche Schmerzlinderung. Es muss eine starke Dröhnung sein, die ich mir einverleibt habe! Endlich kann ich mich wieder am

Pilgerrast vor einer typisch spanischen Bar

Camino und der zauberhaften Gegend erfreuen. Mein Weg
führt mich durch eine ausgeprägte Hügellandschaft mit teilweise tief eingeschnittenen Tälern, die mich an den Grand
Canyon denken lassen. Auf gebirgsähnlichen Pfaden geht es
rauf und runter wie auf einer Achterbahn. Zwischendurch
lege ich eine kurze Rast ein und stärke mich mit einem Teil
meiner Vorräte. Gut zwei Stunden hält die positive Wirkung
der Tablette an. Erst als mein Weg mich entlang einer Nationalstraße führt, werde ich wieder langsamer. Bewusst suche
ich den schmalen Grünstreifen neben dem Teerbelag, um
weicher aufzutreten. Das nächste Städtchen Viana ist schon
von weitem in Sicht, als mein Gederner Pilgerkollege von
vorgestern zu mir aufläuft. Wir wechseln nur ein paar Sätze,
und da ich sein Tempo nicht mitgehen kann, ist er mir schon
bald enteilt. Zumindest kenne ich Burkhard jetzt namentlich.

In Viana treffe ich ganz unerwartet die sympathischen Münchener vom Vorabend, die sich kurzfristig entschlossen haben, bereits hier ihren Stopp einzulegen und sich in einer Pension einzuquartieren. Da heute Sonntag ist, meine Zehen mittlerweile auch für eine längere Rast plädieren, und ich mich an ersten Tagebucheinträgen seit meinem Start in Pamplona versuchen möchte, entscheide ich ebenfalls, in Viana zu bleiben, und mache mich auf zur örtlichen Herberge.

Schon vor Beginn meiner Reise habe ich mir vorgenommen, während der gesamten Wanderung nur in Herbergen zu schlafen und keinesfalls in einem Hotel oder in einer Pension zu übernachten. So gräme ich mich auch nicht lange, als mir heute in einem sehr beengten Schlafraum ein Platz auf der mittleren Ebene eines Dreistockbettes zugeteilt wird. Glücklicherweise ist dies die einzige Herberge auf meinem gesamten Camino mit Dreietagenbetten und einer schwer erträglichen Enge.

Nach einer kurzen Rast auf der Matratze möchte ich mich erst einmal frischmachen. Ich stehe gerade in der Unterhose da und bin auf dem Sprung unter die Dusche, als ich unten auf der Straße Klackgeräusche von Wanderstöcken vernehme. Instinktiv trete ich auf den winzigen Balkon, der sich an unserem Zimmer befindet, und sehe, wie unter mir Schiddi und Pumuckl an der Herberge vorbeilaufen wollen. Mich erstaunt die wackere Disziplin der beiden, die tatsächlich in das noch acht Kilometer entfernte und gestern vereinbarte Tagesziel Logroño laufen wollen. Spontan stimme ich den Pumucklsong an: „Hurra, hurra, der Kobold mit dem roten Haar; hurra ..." – weiter komme ich nicht. „Ja, was machst du denn da", ruft mir Irene von unten entgegen. „Duschen", antworte ich und ergänze: „Ihr wollt doch nicht weiterlaufen?" Sichtlich erleichtert drehen beide um und beziehen ebenfalls Quartier.

Als ich von meinem Duschbad zurückkehre, treffe ich auf zwei soeben angekommene Pilger, Manuel und Hwang aus Südkorea, die beim gegenseitigen Vorstellen einen auffallend sympathischen Eindruck machen. Von Manuel erfahre ich, dass er seit vier Jahren in Brasilien arbeitet. Dies ist für mich eine willkommene Gelegenheit, meine portugiesischen Sprachkenntnisse etwas aufzufrischen, die ich mir vor zehn Jahren bei einem längeren Auslandseinsatz für meinen damaligen Arbeitgeber in Portugal angeeignet habe. Leider erfahre ich von Manuel auch, dass Hwang nachts zu ausgeprägten Schnarchgeräuschen neigt – das lässt wenig Hoffnung auf eine geruhsame Nacht.

Nach unserer kurzen Unterhaltung suche ich eine Bar auf, um mich für meine heutige Etappe mit einem kühlen Bier zu belohnen. Und wen sehe ich da sitzen? Meinen irischen Pilgerfreund, der seinen Rucksack abgestellt hat und an einem Glas Orangensaft schlürft. Wir begrüßen uns mit einem kräftigen Handschlag und freuen uns über das unverhoffte Wiedersehen. Ich bestelle mein Bier und setze mich zu dem erschöpft wirkenden Einzelkämpfer. Um ihn etwas aufzuheitern, frage ich ihn, ob er denn schon seinen Spitznamen auf dem Camino kenne. Selbstverständlich hat er keine Ahnung. Als ich ihm dann seinen neuen Namen „Jack, the rabbit" verrate, muss er erstaunt, aber auch herzlich auflachen. Seine berechtigte Frage nach der Entstehung kann ich allerdings nicht beantworten, da nicht nur ich anfällig bin für die Vergabe von Spitznamen. Nachdem ich Jack über meine Herberge informiert habe, beschließt er, ebenfalls in Viana zu bleiben. Bei einem Café con leche will ich nun mit meinen Aufzeichnungen über den Camino beginnen und setze mich draußen vor die Bar, um noch die letzten Sonnenstrahlen einzufangen.

Kurz darauf kommen Pumuckl und Schiddi die Straße entlang und gesellen sich zu mir. „Was schreibst du denn so viel?" ist ihre erste Frage. „Ein Buch über euch beide", antworte ich spaßeshalber und ergänze: „Das kann doch kein Zufall sein, dass gerade ihr mich vor dem Verdursten gerettet habt, und wir uns immer wieder begegnen." In fröhlicher Stimmung lassen wir uns von einem Passanten fotografieren, freuen uns über unser Beisammensein, und haben uns jede Menge zu erzählen, bevor wir wieder in die Herberge zurückkehren. Dort hat Jack, der noch immer einen etwas desolaten Eindruck macht, inzwischen sein Nachtlager zugeteilt bekommen. In kompletter Wanderkluft liegt er auf der Matratze und braucht offenbar eine geraume Zeit zur Regeneration. Währenddessen begebe ich mich zusammen mit Pumuckl und Schiddi in den großzügigen Aufenthaltsraum zur Vorbereitung des Abendessens.

Dabei erfahre ich von Schiddi, was sie dazu antrieb, sich auf den Weg nach Santiago zu machen. Über den Jakobsweg hatte sie schon einiges gehört und gelesen. Und da ihr Mann in diesem Jahr den Urlaub zu Hause verbringen wollte, wagte sie es, über ihren heimlichen Wunsch erstmals laut nachzudenken. Spontan wurde sie von ihrem Mann in ihrem Vorhaben unterstützt, da er sich gleichwohl sicher war, dass Schiddi als ausgeprägter Familienmensch, der noch nie länger als ein paar Stunden von den „Lieben" getrennt war, das niemals in die Tat umsetzen würde. Für Schiddi, die sich selbst als eine Art Übermutter bezeichnet und ihren Mann und ihren erwachsenen Sohn wie eine Glucke behütet, entstand jetzt ein wirklicher Zwiespalt. Einerseits wollte sie lernen loszulassen, andererseits konnte sie sich nicht vorstellen, ihre Liebsten wochenlang alleinezulassen. Dieser Herausforderung wollte sie sich stellen und sich und ihrer Familie beweisen, dass sie das schaffen könne. Wie gerufen kam da die Anfrage ihrer langjährigen Freundin Irene, und der Jakobsweg war beschlossene Sache.

Als ich nach dem Essen in den Schlafraum zurückkehre, sitzt Jack auf seinem Bett bei der Fußpflege. Sofort fällt mir auf, dass auch er erhebliche Probleme mit Blasen hat und etliche Zehen bepflastert sind – allerdings nicht gerade professionell. Wenig später steht er mit geschnürten Schuhen da, um die Pflaster bei einem kurzen Spaziergang zu testen, wie er mir auf meine erstaunte Frage, wohin er denn jetzt noch wolle, erklärt.

Als wir dann, ausnahmsweise zu früher Stunde, alle in unseren Betten liegen, dauert es keine fünf Minuten, bis Hwang mit seinen ohrenbetäubenden Nachtgeräuschen beginnt. Ein Gemisch aus Elefantenrüsselsolo und Wild-

Auch Spaß gehört zum Pilgern!

katzenfauchen erschüttert unsere Schlafstube. Einige Zimmerbewohner müssen lachen, andere hingegen sind weniger „amused", stöhnen laut und schimpfen vernehmlich. Lediglich der Verursacher Hwang zeigt keine Reaktion. Jetzt erlebe ich hautnah und lautstark, wovor mich Manuel nachmittags gewarnt hat. Zum ersten Mal benutze ich meine Ohrstöpsel. Es ist eine Wohltat, als die dämpfende Wirkung dieser kleinen Schaumstoffhelfer einsetzt.

Eine Weile beobachte ich eine Bettnachbarin, die nur durch den schmalen Gang von mir getrennt ist. Sie wälzt sich ununterbrochen hin und her, sichtlich genervt von dem direkt über ihr posaunenden Hwang. Ich krame nochmals ein Paar frische Ohrstöpsel hervor und reiche sie ihr. Es dauert nur wenige Sekunden, bis sie sich, erlöst von ihren Qualen, mit einem Handzeichen bedankt.

Mei Vater is da Bürgermeister von Altötting!

Besonnenheit: Viana bis Ventosa

Auf Vorschlag von Irene wollten wir heute früh den Bus nach Logroño nehmen, um die gestern nicht erwanderten acht Kilometer aufzuholen. Aber wie so häufig auf dem Camino gestaltet sich der Tag anders, und man sollte nicht zu viel planen.

Gemeinsam verlasse ich mit den beiden Frauen die Herberge. Burkhard, mein Gederner Pilgerkollege, der ebenfalls in Viana Station gemacht hat, schließt kurz darauf zu uns auf. Sowohl die Suche nach einer Bushaltestelle als auch die nach den Markierungen erweist sich zur frühen Stunde als schwierig. Instinktiv verlassen wir vier die Stadt in westlicher Richtung, wobei wir uns über terrassenförmig angelegte Straßen den Weg hinunter vom Stadthügel erkämpfen. Es verstreichen einige Minuten, bis wir wieder die uns inzwischen so vertrauten gelben Pfeile sichten.

Nun beschleunigt der sportlich ambitionierte Gederner sein Tempo, und ich bin mit Schiddi und Pumuckl wieder allein. Nur noch für kurze Zeit können wir den fitten Pilger erblicken, schon bald verliert sich seine Spur am Horizont. Eine Bushaltestelle ist nirgends in Sicht, und das ist mir im Grunde ganz recht. Zwar ist die Benutzung von Verkehrsmitteln auf dem Camino für mich kein Tabuthema mehr, ich finde es sogar gerechtfertigt, wenn man aus körperlichen oder zeitlichen Gründen zu solchen Alternativen greift. Doch lediglich aus Bequemlichkeit will ich den Bus nicht nutzen. Gleichwohl äußere ich meine Meinung nicht und wandere mit den schimpfenden Frauen durch wenig gepflegte Kleingartenanlagen immer weiter aus der Stadt, während die Wahrscheinlichkeit, auf einen Bushaltepunkt zu treffen, ständig sinkt.

So beginnt das gleiche Spiel wie vorgestern: Ich fühle mich als Lokomotive, die die schweren Waggons zu ziehen hat. Immer langsamer muss ich werden, um die Last bewältigen zu können. Die beiden Waggons haben es vermutlich nicht überwunden, dass sie immer noch zu Fuß unterwegs sind, und trotten ziemlich lustlos hinter mir her. Nach etwa drei Kilometern und einem gemeinsamen Dampfablassen in Form einer Zigarette entscheidet dann der Zugführer, seine Waggons erst mal abzukoppeln. Zwar habe ich ein ungutes Gefühl, meine Pilgerfreundinnen einfach stehenzulassen, zu sehr haben wir uns schon aneinander gewöhnt. Aber was sein muss, muss sein! Außerdem gibt es als Hoffnung noch den Camino, der die Fähigkeit hat, alle wieder zu vereinen.

Also laufe ich allein los in Richtung Logroño, während ich bei jedem Schritt meine Blasen spüre. Heute sind es jedoch einigermaßen erträgliche Schmerzen, die ich klaglos akzeptiere, schließlich befinde ich mich ja auf einem Pilgerweg, zu dem zwangsläufig die Überwindung von Strapazen und Schmerzen gehören – so rede ich mir es jedenfalls ein.

Beim Umlaufen eines kleinen Hügels, der sich nördlich der Stadt erhebt, eröffnet sich mir mit jedem Schritt ein immer größerer, bewundernder Blick auf die 120.000 Einwohner zählende Hauptstadt der Weinanbauregion Rioja, die sich als betriebsame Handelsstadt und wirtschaftliches Zentrum präsentiert. Hier in Logroño versorge ich mich mit frischem Proviant und bin wieder bestens gerüstet für den Weitermarsch.

Überraschenderweise erblicke ich auf der anderen Straßenseite meinen irischen Freund Jack, lautstark mache ich mich bemerkbar, bis er mich schließlich entdeckt. Mit einem tüchtigen Händedruck besiegeln wir unser erneutes Aufeinandertreffen und laufen zum ersten Mal ein Stück gemeinsam. Durch eine blühende Parkanlage abseits des Straßenlärms verlassen wir die quirlige Stadt. Auf angenehmen Spazierwegen führt unser Weg in ein herrliches Naherholungsgebiet. Unter lichtem Blätterdach passieren wir kleine Wälder, umwandern einen malerisch gelegenen Stausee, und immer wieder begegnen uns Jogger, die uns freundlich „Buen Camino" wünschen.

Es gibt viele kleine Augenblicke des Innehaltens, und mehr schlendernd als wandernd nutzen wir diesen Wegabschnitt, uns näher kennenzulernen. Ich erfahre von Jack, der eigentlich Vinden heißt, dass er bis 65 voll berufstätig war, die letzten Jahre reduziert gearbeitet und sich erst vor zwei Monaten endgültig zur Ruhe gesetzt hat. Nochmals erwähnt er seine vier erwachsenen Kinder und schließlich seine Frau. Ich merke ihm an, dass dies ein ihn tief berührendes Thema ist. Seine Frau ist vor sechs Jahren mit 62 Jahren völlig unerwartet an einem Herzinfarkt gestorben. Da er keine Gelegenheit hatte, sich von ihr zu verabschieden, verfolgt ihn diese plötzliche Trennung bis in die Gegenwart. Offensichtlich wandert Jack den Camino, um sich über wichtige Stationen und Ereignisse seines Lebens Klarheit zu verschaffen, mit sich „ins Reine zu kommen".

Jetzt bin ich an der Reihe, Jack meine Geschichte zu erzählen und meine Beweggründe zu erläutern. Ich erzähle ihm, dass ich Textilingenieur sei, diesen Beruf über zehn Jahre ausgeübt habe und während der letzten Jahre als Versicherungsvertreter tätig war. Meine Agentur sei vor einigen Monaten infolge einer Umstrukturierung der Vertriebseinheiten geschlossen worden. Ich hätte daraufhin entschieden, meine Tätigkeit in dieser Branche nicht mehr fortzusetzen. Meinen Camino würde ich nicht zur Bewältigung oder zur Verarbeitung eines bestimmten Ereignisses oder Problems ansehen, sondern ich wolle versuchen, ihn so offen und so empfänglich wie möglich zu gestalten. Auf diese Weise würde ich hoffentlich für mein weiteres Leben richtungsweisende Impulse bekommen.

Gemeinsame Zeit mit Jack –
meinem Pilgerfreund der ersten Stunde

Inmitten unserer angeregten Unterhaltung plagen Jack schlagartig auftretende Hungergefühle. Da ich mich in Logroño reichlich mit frischen Lebensmitteln eingedeckt habe, biete ich ihm ganz selbstverständlich eine Banane und auch frisches Baguette mit Salami an. Doch er lehnt mein Angebot dankend ab. Ich erkläre ihm nochmals, dass ich gerne mit ihm teilen würde, aber seine Haltung ist weiterhin freundlich reserviert. Vermutlich will der zurückhaltende Ire aus falscher Bescheidenheit nichts annehmen. Und so gehen wir weiter, ohne dass ich Jack auch nur einen Bissen anpreisen kann. Wenig später wiederholt sich die Situation: Jack klagt erneut über sein großes Hungergefühl, blockt aber im gleichen Satz ein mögliches weiteres Angebot meinerseits ab, indem er auf die nur noch geringe Distanz bis zur nächsten Ortschaft verweist. Völlig erschöpft und ausgehungert erreicht Jack mit mir Navarrete, eine Kleinstadt mit viel Provinzcharme.

Unverzüglich steuern wir eine Bar an. In gewisser Weise fühle ich mich verantwortlich, dass Jack jetzt etwas Handfestes zu sich nimmt. So beobachte ich ihn und bin erleichtert, ihn mit einem Orangensaft und einem großen Schinkensandwich sitzen zu sehen. Da ich inzwischen ebenfalls einen knurrenden Magen verspüre, schnalle ich draußen meinen Rucksack ab und beiße herzhaft in meine Stangensalami. Zwischendurch werfe ich immer wieder einen besorgten Blick auf den Iren.

Während meiner Rast komme ich mit einem jungen Deutschen ins Gespräch, der angelehnt an einem Geländer vor der Bar am Boden kauert und sich gerade von Zigaretten zu ernähren scheint. Da wir in etwa den gleichen Dialekt sprechen, frage ich ihn nach seinem Heimatort. Ganz stolz antwortet er: „Du, i bin da Dominik und kimm aus Altötting, do wo da Papst herkimmt."

In meinem niederbayrischen Dialekt erwidere ich: „I bin da Hans, und i bin goa ned so weid weg von dir, i kimm aus Passau."

„Ja lekk, do fang i im Herbst 's Studiern o", und er wird putzmunter, ob des Zufalls, dass ich aus seiner zukünftigen Studienstadt komme.

„Und wos mechst studiern?" frage ich ihn.

„Jura", gibt er mir selbstbewusst zu verstehen, so als ob für ihn gar nichts anderes in Frage kommt.

Als ich kurz zu meinem irischen Wanderfreund, dessen Wohlergehen mir wichtig ist, hinübersehe, entdecke ich ihn in angeregter Unterhaltung mit einem Amerikaner, dem ich gelegentlich begegnet bin. Da Jack immer noch einen sehr erschöpften Eindruck macht, erkundige ich mich nach seinen heutigen Wanderplänen und bin erleichtert, dass er sich entschlossen hat, hier in Navarrete zu verweilen. Mit guten Wünschen und hoffend, dass er sich erst einmal erholen wird, verabschiede ich mich von meinem Pilgerfreund der ersten Stunde. Ich selbst will noch weitermarschieren und hänge mir den Rucksack um.

Es dauert nur wenige Sekunden, und ich darf zum zweiten Mal am heutigen Tag Lokomotive spielen. Genau wie am Morgen habe ich wieder einen schweren Waggon zu ziehen. Der großgewachsene, etwas stämmige Altöttinger hat sich in einer Blitzaktion entschieden, mir zu folgen und mich über meine Heimatstadt auszufragen. Zunächst kann ich schweigen, besser gesagt, ich habe gar keine Möglichkeit, etwas zu sagen, denn Dominiks Redefluss ist nicht zu bremsen.

„Du, mei Vater is da Bürgermeister von Altötting, und des scho dreizehn Jahr lang. Mit über achtzig Prozent is a heuer wieda gwählt wordn", berichtet er stolz.

„Und i war scho dreimal beim Papst. I hab auch Bilder dabei, wennst as sehn mogst."

„Und i bsuach di moi in Passau, i hob zwoa schware Motorradl, da bin i in a Stund bei dir. I kenn mi a bissel aus in Passau."

Auf diese Weise vergeht einige Zeit, in der ich von Dominiks Camino-Start in Saint-Jean-Pied-de-Port erfahre, über seine eindrucksvolle Pyrenäen-Überquerung unterrichtet werde und mir mit Stolz sein in Frankreich erworbener Wanderstock vorgestellt wird, in den für jeden Wandertag eine Kerbe eingeritzt wird.

Aus heiterem Himmel beginnt es plötzlich heftig zu regnen. Der diesjährige Mai ist außergewöhnlich feucht, wie die einheimische Bevölkerung Nordspaniens immer wieder betont. Wir werfen uns unsere Regenponchos über, um uns vor der ungeplanten Dusche zu schützen.

Als Dominiks Mitteilungsbedürfnis für den Moment befriedigt ist, ergreife ich die Gelegenheit und erzähle von meinen Geschichten auf dem Camino, insbesondere von den immer wieder überraschenden Zusammentreffen mit Irene und Schiddi. Ich berichte ihm von meinem ersten Tag, als ich fast am Verdursten war und ich von Irene zu trinken bekam; ich erzähle ihm von dem Zufall, dass wir uns am zweiten Tag im gleichen Bus wieder getroffen haben und wie am Abend aus Irene Pumuckl wurde; ich schildere ihm, wie ich am dritten Tag in Viana auf den Balkon schaute, nur weil ich das

Geräusch von Wanderstöcken vernommen hatte und es dann Schiddi und Pumuckl waren, die gerade vorbeilaufen wollten.

So marschieren wir knapp eine Stunde durch den lauen spanischen Frühlingsregen, als wir uns von hinten zwei Pilgern in Regenponchos nähern. Von den Köpfen über den Rucksack bis fast an die Knie reicht ihr gelber Umhang. Kurz bevor wir die beiden erreicht haben, gebe ich Dominik zu verstehen, dass ich zu ihnen auflaufen möchte, da ich die zwei kenne. Und wie ich die beiden kenne! Ganz aufgeregt beginnt mein Herz zu schlagen.

Als ich auf ihrer Höhe bin, beginne ich sie zu umkreisen um schmettere dabei den Pumuckl-Song.

„Das gibt's doch nicht", rufen beide, die sich über unser erneutes Zusammentreffen ebenso freuen wie ich.

„Wie hast du uns denn von hinten erkannt mit unseren Ponchos?" fragt Pumuckl.

„Das war nicht so schwer. Vier so stramme Wadeln erkenne ich schon aus fünfzig Metern Entfernung. Und außerdem ist eure Gangart unverwechselbar", antworte ich ihr.

„Werde ja nicht frech", meint Pumuckl lachend.

Jetzt muss ich aber nachhaken: „Wie seid ihr überhaupt so schnell hierher gekommen?"

„Mit dem Bus", ist die lapidare Antwort.

Doch das zählt jetzt nicht – Hauptsache wir sind wieder vereint.

Dann stelle ich ihnen mit einigen Informationen, die ich ja reichlich erhalten habe, meinen neuen Begleiter vor. Gemeinsam schlenzen wir in die nur noch einen Kilometer entfernte Herberge von Ventosa.

Die beiden Frauen bekommen noch die letzten freien Plätze in den herkömmlichen Schlafräumen; Dominik und mir wird ein extra Raum zugewiesen, wo wir mit einem Matratzenlager vorliebnehmen müssen. Müssen ist eigentlich nicht treffend, wir freuen uns vielmehr über unser separates Zimmer, in dem wir bestimmt viel angenehmer nächtigen werden als in einem Schlafraum mit zehn oder mehr Pilgern.

Erstmals auf dem Camino soll ein selbstgekochtes Mahl den Abend krönen. Gerne lasse ich mich von dem Vorschlag der beiden Frauen verleiten, dafür selber Hand anzulegen. Nudeln mit einer leckeren Soße aus Tomaten, Paprika und Oliven, dazu Parmesankäse und gemischter Salat. Abgerundet wird unser Menü mit zwei Flaschen des vorzüglichen spanischen Rotweins, den man schon für gut einen Euro je Flasche erhält. Und es schmeckt phantastisch. Dabei können Schiddi und ich uns erneut über die sich vollziehende Rotverfärbung im Gesicht von Pumuckl amüsieren.

Als ich nach dem Essen in den Schlafraum komme, liegen zwei weitere Matratzen auf dem Boden. Und die gehören meinen beiden südkoreanischen Freunden Manuel und Hwang. Vorbei ist es also mit einer ruhigen Nacht.

Kurzentschlossen gehe ich noch in die örtliche Gaststätte, in der Dominik sein Pilgermenü einnehmen wollte, sich dann aber doch für die alternative Version des Abendessens in Form von zwei Litern Bier entschieden hat. Bei ihm am Tisch sitzt Burkhard, der es immerhin auf eineinhalb Liter gebracht hat. Ich geselle mich zu ihnen und bestelle mir auch einen großen Gerstensaft, um für die zu erwartende Schnarchorgie von Hwang besser gerüstet zu sein.

Spätnachts schleiche ich nach Stille suchend in den Innenhof der Herberge und bestaune bei einer Zigarette den spanischen Sternenhimmel, der nur ganz vereinzelt von kleineren Wölkchen durchzogen ist. Ich denke über meinen gelungenen Start auf dem Camino nach, auf dem ich bisher schon so reichlich beschenkt wurde, und beende auch diesen ereignisreichen Tag mit einem kurzen Dankgebet.

We will rock you mit dem *Padre*

Geborgenheit: Ventosa bis Grañon

Während ich mich gedanklich auf meinen fünften Tag auf dem Camino einstimme, registriere ich erstaunt, wie sich meine Bedürfnisse inzwischen reduziert haben: gutes Wanderwetter, sympathische Begegnungen, schmerzfreie Etappen, ein gefüllter Teller und eine erholsame Nacht. Mehr braucht es nicht zum kleinen Glück!

Mit Pumuckl und Schiddi habe ich als möglichen Treffpunkt für den heutigen Nachmittag die Stadt Santo Domingo de la Calzada ins Auge gefasst – eine Laufdistanz von 29 Kilometern, die gut zu schaffen sein müsste.

Zusammen mit meinem jungen bayerischen Pilgerfreund verlasse ich die Herberge und bin froh, dass wir bereits gestern die wichtigsten persönlichen Informationen ausgetauscht haben und heute morgen dem Camino, der reizvollen Landschaft und dem Kosmos des Kleinen Aufmerksamkeit schenken können. Erfreulicherweise wirkt Dominik heute viel ruhiger und entspannter. Zusammen genießen wir das wunderbare Panorama mit den Gebirgsketten am Horizont, deren teilweise schneebedeckte Gipfel in der Morgensonne strahlen.

Meine immer noch, jedoch im erträglichen Rahmen schmerzenden Blasen an den Zehen sind ein kleiner Wermutstropfen in dieser morgendlichen Idylle. Zudem hat Do-

Blick auf das idyllische Nájera

minik Probleme mit seinem rechten Schienbein, das er sich mehrmals mit einem Schmerzgel einreibt. Ansonsten ist es ein angenehmes Marschieren. Beide freuen wir uns, als wir nach knapp zwei Stunden in die nächstgrößere Stadt Nájera kommen und dort endlich unser längst verdientes Frühstück einnehmen können.

Vor einem Café, direkt an den herrlichen Parkanlagen am Fluss, finden wir ein ruhiges Plätzchen für unseren Milchkaffee, für die Bocadillas von Dominik und für mein heißgeliebtes Schokocroissant. Doch die Ruhe währt nur kurze Zeit. Ein Bus voller Spaßpilger erstürmt plötzlich unser bis dahin gemütliches Café. Die etwa 50- bis 80jährigen kämpfen regelrecht um freie Tische und Stühle, dabei werden sie auch noch durch die Bedienung unterstützt, die ein einträgliches Geschäft wittert. Als endlich alle Platz gefunden haben und mit Kaffee und Kuchen versorgt sind, beginnt die große Fotosession. Schließlich müssen doch für die Lieben daheim alle Mitreisenden auf die Platte gebannt werden, und die Gelegenheit ist selten so günstig wie im dicht gedrängten Café. Irgendwann wird es Dominik und mir zu turbulent, und wir brechen zum Weitermarsch auf. Mit großen Augen fixiert uns die Gruppe, als wir unsere Rucksäcke schultern und nach unseren Wanderstöcken greifen.

Zunächst verläuft der Weg am Fluß entlang, gefolgt von einem kurzen, steilen Anstieg durch einen Kiefernwald gleich hinter dem Ortausgang. Später wechselt die Piste in eine schmale Teerstraße über, die uns durch eine ursprüngliche und vom Weinanbau geprägte Landschaft leitet. Auf diesem Teilabschnitt verstärken sich Dominiks Schienbeinschmerzen massiv, so dass wir unsere Marschgeschwindigkeit erheblich reduzieren. Vor allem der Asphaltbelag, der schlimmste aller Beläge für lädierte Beine, macht ihm besonders zu schaffen. In Azofra, der nächsten kleinen Ortschaft, beendet Dominik seinen heutigen Marsch und beabsichtigt, die restlichen 15 Kilometer bis Santo Domingo mit dem Bus zurückzulegen.

So nehme ich die zweite Etappenhälfte allein in Angriff, und wenngleich ich Dominik als angenehmen Weggefährten zu schätzen weiß, bin ich keineswegs enttäuscht darüber, auf den Camino wieder einmal für mich zu sein. Wie in einem Rausch durchströme ich den welligen und im saftigen Grün leuchtenden Landstrich. Einen etwas anspruchsvolleren, besonders steilen Anstieg über mehrere hundert Meter sprinte ich regelrecht hinauf. Als ich oben auf der Kuppe ankomme, bin ich überrascht, Burkhard im Gras sitzen zu sehen. Voller Übermut und bester Laune führe ich vor ihm noch einen Luftsprung aus, greife kurz zu meiner Wasserflasche und bin schon wieder weg. Bisweilen sind diese plötzlichen Energieschübe schlicht unerklärlich! Ich fühle mich großartig. Dieses Erlebnis, einfach loszuwandern und von den eigenen Füßen getragen das gesteckte Ziel zu erreichen, sich zu entfernen und zugleich anzunähern, ist überwältigend.

Heute ist wiederum der Weg das Ziel

In ausgelassener Stimmung treffe ich am frühen Nachmittag in Santo Domingo de la Calzada ein und sehe schon von weitem vor der vereinbarten Herberge Pumuckl zusammen mit Schiddi, auch Dominik ist bereits eingetroffen. Als er mich erblickt, deute ich ihm mit gestrecktem Zeigefinger vor dem Mund an, den beiden Frauen, die mit dem Rücken zu mir stehen, meine Ankunft nicht zu verraten. Direkt hinter ihnen, stimme ich die vertraute Erkennungsmelodie an und beginne, sie in gewohnter Weise zu umkreisen. Kopfschüttelnd und laut lachend freuen sich Schiddi und Pumuckl über mein Lied und unser Wiedersehen. Auf meine Frage, wieso sie denn schon hier seien, antworten sie wie selbstverständlich: „Mit dem Bus." Jedem seine Art, den Jakobsweg zu pilgern!

Nachdem sich unsere Wiedersehensfreude gelegt hat, werde ich zunächst über die Situation bezüglich der Herberge aufgeklärt, die erst in gut einer Stunde geöffnet wird. So lange will niemand von uns warten. Außerdem handelt es sich um keine besonders einladende Unterkunft. Pumuckl und Schiddi hatten bereits einen Blick hineingeworfen und waren von der Hospitaliera ziemlich gerügt worden.

Im nahen Café beraten wir uns und beschließen sehr schnell, ein Taxi zu rufen und uns in das nur wenige Kilometer entfernte Grañon bringen zu lassen, um in der dortigen Herberge zu nächtigen. Eine halbe Stunde später sind wir dort.

Sofort beim Betreten der Herberge wissen wir, die richtige Entscheidung getroffen zu haben. Der Eingang befindet sich direkt an der Rückseite der örtlichen Kirche und führt über eine enge, steinerne Wendeltreppe vorbei am großen Schlafraum hinauf zur Küche und zum Aufenthaltsraum. Alle Räumlichkeiten bestechen durch ihr antikes, rustikales Ambiente und verströmen eine friedliche, einladende Atmosphäre. Nur eine dicke Steinwand trennt sie vom Kirchenschiff.

Bemerkenswert finde ich die Finanzierungsart dieser Herberge: nicht wie in den übrigen Refugien durch einen festgelegten Betrag bei der Einschreibung und Stempelvergabe, sondern auf Spendenbasis, durch ein sogenanntes Donativum. Auf einem kleinen Tisch steht eine offene Geldkassette, in die jeder Pilger eine freiwillige Spende legen kann, daneben ein simpler Pappkarton mit der Aufschrift:

„Jeder gebe so viel, wie er will,
oder nehme so viel, wie er braucht."

Diese zwei Zeilen bestätigen meine Meinung, wie wichtig es im Leben ist, beides zu lernen. Nämlich anderen zu geben, im Sinne von gerne teilen und von anderen auch etwas annehmen, empfangen zu können. Ein wesentlicher Aspekt menschlichen Zusammenlebens ist Geben und Nehmen, ein in der heutigen, von Egoismus geprägten Ellenbogen-Gesellschaft oft vergessener christlicher Leitgedanke. Unwillkürlich muss ich an den gestrigen Vormittag denken, als Jack

Die wichtigsten Wanderutensilien

sich nicht überwinden konnte, meinen angebotenen Proviant zu akzeptieren.

Ein weiteres Highlight in dieser Herberge soll die für den frühen Abend angesetzte Pilgermesse mit anschließendem gemeinsamen Pilgermahl sein. Diese Information haben wir von der Hospitaliera beim Einschreiben erhalten, und so verbleibt uns noch reichlich freie Zeit, da wir uns nicht um unser Abendessen zu kümmern brauchen – alles wird vorbereitet. Zu viert schlendern wir auf den großen Platz vor der Kirche und machen es uns vor einem Café gemütlich. Wir sitzen in der wärmenden Sonne, schlecken das eine oder andere Eis, genehmigen uns das eine oder andere kleine Bier und sind froh, uns auf dem Camino begegnet zu sein.

Neben dem Café hat gerade die Apotheke geöffnet, und Dominik besorgt sich erneut seine Schmerzsalbe – eine respektable Tube. Als er sich wieder zu uns gesetzt hat, meint er: „Die schmiere ich mir innerhalb eines Tages komplett auf mein Schienbein", und beginnt sogleich, eine dicke Schicht aufzutragen. Sein Vorhaben scheint uns doch sehr suspekt, denn wie soll die ganze Salbe an nur einem Tag einziehen können?

Durch Dominiks Kauf animiert verschwindet alsbald Pumuckl in die Apotheke. Nach zwei Minuten kommt sie mit der gleichen Tube heraus. Ihre Problemzone ist jedoch nicht so spezifisch wie bei Dominik, bei ihr scheint es überall ein wenig zu zwicken. Als nächste bricht Schiddi auf, für sie sollen es eher Schmerztabletten sein. Nach zwei Minuten kommt sie ohne Einkauf zurück, berichtet von Verständigungsproblemen und bittet Dominik um fachkundige Unterstützung. Schon bald erscheinen beide wieder, und ganz stolz winkt uns Schiddi mit ihrer Errungenschaft zu. Es ist die gleiche Tube, die zuvor schon Dominik und Pumuckl erworben haben – offensichtlich ein Universalmittel für diverse Wanderleiden. Glücklicherweise brauche ich kein Schmerzgel, und falls doch, wird mir bestimmt jemand von den Dreien etwas abgeben.

Gerade dösen wir vier vor dem Café vor uns hin, als ich plötzlich hellwach bin und zunächst meinen Augen nicht traue. Auf der gegenüberliegenden Seite des Platzes schleppt sich ein Pilger des Weges, der keinem vertrauter ist als mir – mein irischer Freund Jack. Ich springe sofort von meinem Stuhl und eile zu ihm hinüber. Er macht einen ausgelaugten und völlig erschöpften Eindruck, regelrecht schockierend ist sein Zustand. So wird Jack niemals in Santiago ankommen, denke ich und frage ihn sogleich:

„You want to go to Santiago, Jack?" – „Du willst doch nach Santiago gehen, Jack?"

„Of course!" – „Natürlich!" antwortet er.

„And you want to be there dead or alive?" – „Und willst du dort tot oder lebendig ankommen?" frage ich weiter, um ihn etwas zur Vernunft zu bringen.

„Of course alive!" – „Natürlich lebendig!" ist seine Antwort.

Ich schaue ihm ins Gesicht und schüttle unwillkürlich den Kopf.

„You have to be very careful, Jack!" – „Du musst sehr vorsichtig sein, Jack!" appelliere ich an seinen Verstand.

„I know." – „Das weiß ich", bestätigt er kopfnickend.

Nachdem ich ihn auf unsere Herberge verwiesen habe, kehre ich ziemlich fassungslos zu meinen Freunden zurück.

An der abendlichen Pilgermesse nimmt Jack ebenfalls teil. Von meinem Platz aus werfe ich immer wieder einen kurzen Blick zu ihm hinüber. Den Oberkörper weit nach vorne gebeugt und ziemlich blass im Gesicht scheint er sich kaum noch auf seiner Bank halten zu können. Sein bedauernswerter Anblick schmälert meine Andacht beträchtlich, und meine innere Anteilnahme gilt zeitweise mehr Jack als dem feierlichen Gottesdienst. Geradezu ergreifend ist der abschließende Segen. Alle Pilger treten vor den Altar, der Padre breitet seine Arme über uns aus und erteilt in vier verschiedenen Sprachen den Segen. Ich bin sicherlich nicht der einzige, den diese bewegende Zeremonie tief berührt. Beim anschließenden Pilgeressen habe ich schnell wieder meine Fassung gewonnen und bin fröhlicher Stimmung.

Während der Messe und bestimmt auch schon zuvor haben fleißige Hände für das heutige Abendessen gesorgt. In einer riesigen Pfanne mit einem Durchmesser von sicherlich einem Meter ist für 75 Pilger gekocht worden. Wir sitzen an schweren Holztischen und füllen den ganzen Raum bis auf den letzten Platz. Das Hauptgericht, bestehend aus einer Mischung aus Gulasch und Kartoffel-/Gemüsesuppe, wird jetzt in Schüsseln umgefüllt und auf die Tische verteilt. Zusätzlich gibt es noch Salat, Brot, Wasser und selbstverständlich reichlich Rotwein.

Da wir als erste unsere dampfende Schüssel auf den Tisch gestellt bekommen, liegt es nahe, dass wir beginnen, die köstlich duftende Speise in unsere Teller zu verteilen. Allerdings haben wir nicht mit der resoluten spanischen Hospitaliera gerechnet, die uns durch ihr lautes Einschreiten davon abhält. Erst müssen alle Tische mit dem Eintopf versorgt werden, denn das Essen soll gleichzeitig beginnen.

So vertreiben wir uns die Zeit damit aufzuzählen, was jeder einzelne an unserem Tisch nicht so gerne isst. Bei dem einen ist es Fisch, bei dem anderen Pudding oder Grießbrei, und bei Ronny, einem älteren Pilger, sind es gesalzene Bananen, was alle gleich zum Lachen bringt. In der Zwischenzeit sind alle Tische mit Eintopf eingedeckt, doch mit dem Essen beginnen können wir noch lange nicht. Die energische Hospitaliera liebt es förmlich, uns auf spanisch und englisch über die traditionellen Rituale aufzuklären, über den weiteren Tagesablauf zu berichten und vergisst dabei nicht zu erwähnen, dass hinterher alles abgespült und aufgeräumt werden muss. Als letzten Punkt führt sie noch an, dass wir heute 75 Pilger sind und maximal 70 im Schlafraum Platz haben. Daher müssen einige Freiwillige direkt in der Kirche schlafen. Wir vier überlegen nicht lange und melden uns sofort.

Als nach ihrer Ansprache dann einige hungrige Pilger mit dem Verteilen der Speisen beginnen wollen, ist unsere Hospitaliera wiederum in ihrem Element als Zeremonienmeister und unterbindet dies durch einen lauten Stoppschrei. Erst muss noch das gemeinsame Tischgebet gesprochen werden, denn der Padre, der die Messe zelebriert hat, ist mittlerweile eingetroffen. Als dann der Einwand kommt, dass wir vor einer halben Stunde schon in der Kirche gebetet haben, lässt er mit sich reden, steht auf und erklärt auf englisch und spanisch: „Ich mache euch jetzt etwas vor, und ihr macht es mir dann einfach nach." Wir sind alle sehr gespannt. Jetzt schlägt er mit den beiden offenen Handflächen zweimal kräftig auf den Holztisch und klatscht darauf einmal die Hände zusammen. Dies wiederholt er einmal. Und alle wissen, worauf er hinauswill. Er imitiert den Song der Rockgruppe Queen, nämlich „We will rock you". Jetzt fordert er uns alle auf, es ihm gleichzutun. Ein ohrenbetäubender Lärm verbreitet sich plötzlich im ganzen Saal. Allen laufen kalte Schauer über den Rücken. Wir können gar nicht mehr aufhören. Es ist das beste Tischgebet, das ich jemals praktiziert habe. Und unser Padre ist selbstverständlich der Held des Tages.

Nun schaltet sich die Hospitaliera nochmals kurz ein und erlaubt uns, mit dem Essen zu beginnen. Schiddi, die immer noch von den gesalzenen Bananen beeindruckt ist, verspürt plötzlich den Drang, sich jemanden suchen zu müssen, der diesen komischen Spruch noch nicht kennt. Und dazu erwählt sie sich ausgerechnet die gerade hinter ihr stehende Hospitaliera. In ihrem Lübecker Hochdeutsch, ganz langsam und bewusst deutlich sprechend sagt sie zu ihr: „DU, ER MAG KEINE GESALZENEN BANANEN." Die Hospitaliera, die natürlich kein Wort versteht, schüttelt nur den Kopf, wir anderen müssen laut losbrüllen.

Jetzt frage ich Schiddi spaßeshalber, ob ihr die Orte Villa Bacho und Villa Riba etwas sagen. „Ja", meint sie, „irgendwie kommen die mir bekannt vor." Ich helfe ihr etwas auf die Sprünge und verweise auf einen Fernsehwerbespot vor einigen Jahren, in dem es um ein Spülmittel ging, das von den Bewohnern eines dieser Orte zum Abwaschen benutzt wurde, wodurch sie viel schneller mit dem Spülen fertig waren als die der anderen Ortschaft, die ein herkömmliches Mittel benutzt hatten. „Ja genau", sagt Schiddi und fragt: „Kommen wir da auch durch?" Einfach köstlich!

Während des Essens blicke ich in die Runde, und da ich Jack vermisse, erkundige ich mich bei der Hospitaliera nach ihm. Sie berichtet mir, dass er nach dem Gottesdienst zusammengebrochen und ins Krankenhaus nach Santo Domingo eingeliefert worden ist. Jetzt ist es doch passiert, denke ich bestürzt. Warum bloß muss er so übertreiben, und warum lässt er sich nicht helfen? Er hat doch keine Eile, warum hört er nicht besser auf die Signale seines Körpers?

Spontan beschließe ich, mir morgen für die sieben Kilometer zurück nach Santo Domingo ein Taxi zu nehmen und ihn zu besuchen. Ich muss unbedingt wissen, wie es ihm geht. Doch eine Stunde später teilt mir die Hospitaliera mit, dass Jack in der Zwischenzeit aus dem Krankenhaus entlassen wurde und sich in einem kleinen Zimmer neben der Küche befindet. Da mir ein Besuch erlaubt wird, betrete ich ganz vorsichtig den Raum und sehe Jack auf einer Matratze liegend mit einer Wolldecke zugedeckt. Er hat die Augen aufgeschlagen und liegt ganz ruhig da. Ich gehe zu ihm, hocke mich auf die Knie und spreche leise: „Jack, what did they tell you in the hospital? Are you exhausted?" – „Jack, was haben sie im Krankenhaus zu dir gesagt, ist es ein Erschöpfungszustand?"

„Yes, exhausted." – „Ja, Erschöpfung", antwortet er sehr schwach.

„Tomorrow I will phone my son to organize my backflight." – „Morgen früh werde ich meinen Sohn anrufen, er soll meinen Rückflug regeln", flüstert er weiter.

Ich ergreife seine Hand, drücke sie fest und sage: „I wish you the best. I will never forget you." – „Ich wünsche dir alles Gute. Ich werde dich niemals vergessen." Daraufhin verlasse ich beruhigt den Raum.

Jetzt gehe ich in die Kirche hinunter, denn ich habe erfahren, dass für uns Freiwillige reichlich Decken für unser Nachtlager gebracht worden sind. Als erstes fällt mir das Schlafnest von Irene und Schiddi auf. Bestimmt zehn Dekken haben sie übereinandergelegt, um es möglichst warm und weich zu haben. So nehme ich mir auch einen ganzen Schwung, suche mir ein gemütliches Plätzchen und mache mich für die besondere Nacht bereit. Nach einer letzten „Gutenachtzigarette" dauert es nicht mehr lange, und ich bin wohlig entschlummert.

Ausgeschlafen in der Kirche

Einsichten: Grañon bis Belorado

*N*ur gut, dass heute früh keine Morgenmesse ist. Es wäre bestimmt ein komischer Anblick gewesen, wenn ich dieser auf dem Mittelgang schlafend beigewohnt hätte. Dies sind meine ersten Gedanken, als ich relativ spät erwache. So lange und gut habe ich auf dem Camino noch nie geschlafen. Von Dominik, der gestern abend nur wenige Meter von mir entfernt gelegen hat, ist nichts mehr zu sehen. Auch das Schlafnest von Irene und Schiddi ist bereits abgebaut. Ich bin froh, als ich die drei draußen vor der Kirche im Schatten eines riesigen Baumes hocken sehe. „Na, Schlafmütze, auch schon aufgewacht", irgend so ein Spruch schallt mir entgegen. Doch ich bin mit meinen Gedanken ganz woanders. Ich muss unbedingt nochmals nach Jack sehen.

Vorsichtig klopfe ich an seine Zimmertür und bin beruhigt, ihn noch entspannt schlafend vorzufinden. Leise nähere ich mich ihm und überlege, ob ich ihn wecken soll. Behutsam berühre ich seine Schulter. Es dauert nicht lange, bis er seine Augen öffnet.

„Good morning." – „Guten Morgen", flüstere ich.

„How are you?" – „Wie geht es dir?"

„I will call my son this morning to arrange my backflight." – „Ich werde heute morgen meinen Sohn anrufen; er soll meinen Rückflug organisieren", wiederholt er mit schwacher Stimme seine gestrige Absicht und nickt dabei.

Offensichtlich meint er es ernst. Spätestens übermorgen würde er wieder zu Hause sein. Ich stelle mir vor, wie er am

Grabe seiner Frau von seinen Erlebnissen berichten wird. Dort ist vielleicht der geeignetste Platz, um seiner Trauer Ausdruck zu verleihen und über sein Leben nachzudenken. „You are right." – „Du hast recht", bestärke ich ihn, ergreife seine Hand und verabschiede mich stumm. Auf dem schmalen Gang vor Jacks Zimmer komme ich an der offenen Geldkassette vorbei, in die ich dankbar spende. Noch immer in Gedanken versunken gehe ich mit meinen drei Begleitern zum Frühstück in das nahegelegene Café. Ein sonniger Morgen animiert uns, unseren Milchkaffee im Freien zu genießen. Dabei besprechen wir auch einen möglichen Treffpunkt für den Nachmittag. Zusammen mit Dominik breche ich vor den beiden Frauen auf.

Heute ist mein sechster Pilgertag, und ich überdenke die bisherige Entwicklung: Es ist das eingetreten, was ich mir gewünscht hatte. Ich habe sehr nette Menschen getroffen, mit denen ich viele vergnügliche Stunden verleben durfte. Ich fühle mich wohl in ihrer Gesellschaft, und sie sind mir mittlerweile ans Herz gewachsen. Dankbar für das Erlebte habe ich jedoch das Bedürfnis, mir den Camino eine Weile allein zu erschließen. Ich suche Stille, Einsamkeit und die Zwiesprache mit mir selbst, brauche eine Möglichkeit, über mein Leben und meine Zukunftsvorstellungen intensiver nachzudenken.

Meine Gefühle sind ambivalent. Will ich wirklich die Geborgenheit meiner Gruppe gegen ein unbekanntes Etwas eintauschen? Letztendlich beschließe ich, auf meine innere Stimme zu hören und darauf zu vertrauen, den richtigen Zeitpunkt für diese Entscheidung zu erkennen. Neben der Ankunft in Santiago ist eines meiner wichtigsten Ziele, meinen ganz persönlichen Weg zu gehen: „I did it my way!"

Am heutigen Tag sind die Gespräche mit Dominik meist privater Natur. Er berichtet mir von seinem Job als Rettungssanitäter, den er im Rahmen seines Wehrersatzdienstes gerade ausübt, und der ihm trotz des fordernden Einsatzes viel persönliche Genugtuung zurückgibt. Dabei vergisst er nicht zu erwähnen, wie dankbar er seiner Leitstelle an-

Dominik beim Relaxen

gesichts wochenlanger Freistellung für seinen Pilgerweg ist. Ich erzähle ihm von meinen Kindern und von meiner Frau, die mir diesen Jakobsweg so großherzig ermöglicht. Seit fast einer Woche bewältigt meine Familie ohne meine Unterstützung den Alltag, und ich wünsche mir von ganzem Herzen ihr Wohlergehen. Gleichzeitig stelle ich erstaunt fest, wie sehr ich mich innerlich von meinem Alltagsleben entfernt habe, eingetaucht bin in eine andersgeartete Welt – die des Pilgers.

Regelmäßig wird unser Marsch unterbrochen durch Dominiks Bemühungen, sich den gesamten Inhalt seiner Salbentube innerhalb eines Tages auf sein schmerzendes Schienbein zu schmieren. Trotzdem erreichen wir unser heutiges Etappenziel schon kurz nach Mittag und finden Unterkunft in einer sehr ansprechenden Herberge. Nach einer Dusche und einer kurzen Wäsche – auch diese Aufgabe zählt zum Pilgerleben – haben wir noch fast den ganzen Nachmittag Zeit; Stunden, die ich eigentlich gern für weitere Wanderkilometer genutzt hätte. Diese Erkenntnis bestärkt meinen Entschluss, möglichst bald wieder meinen eigenen Weg zu gehen.

Zusammen mit Irene und Schiddi, die die heutige Etappe komplett zu Fuß bewältigt haben und sich dafür mit einer Übernachtung in einer privaten Pension belohnen – dabei vergessen sie nicht den Luxus einer eigenen Badewanne zu erwähnen, in der sich Irene dreimal nacheinander die Haare gewaschen hat, um sicherzugehen, auch das letzte Staubkörnchen aus ihrem Haupt entfernt zu haben –, verbringen wir einen beschaulichen Nachmittag vor einer Bar in dem traditionsreichen Marktstädtchen Belorado, bis ins 11. Jahrhundert Grenzfestung zu Navarra. Von einem einst florierenden Pilgerwesen zeugen die vielen ehemaligen Hospize. Ein hübscher Blickfang bilden auf einem alten Kirchturm die Nester der Störche, als Sympathieträger und Glücksbringer sind die eleganten Segelflieger tierische Zeichen für eine – noch – intakte Natur.

Storchennester auf dem Kirchturm von Belorado
Vorder- und Rückansicht

Auf zu neuen Ufern

Selbstvertrauen: Belorado bis Tardajos

Nach dem gestrigen erholsamen Tag starte ich mit Dominik bereits gegen sieben Uhr bei kaltem und trübem Wetter. Hoffnungsfroh gehen wir zuerst auf den Stadtplatz zu, um uns mit frischen Croissants und Milchkaffee zu stärken. Eigentlich hätten wir inzwischen wissen müssen, dass um diese Uhrzeit nichts zu bekommen ist. Und so machen wir uns gezwungenermaßen mit leerem Magen auf den Weg.

Aufgrund des ergiebigen Regens während der Nacht ist die Strecke übersät von zahlreichen Pfützen, teilweise ist es richtig matschig. Dominik plagen auch heute Schienbeinprobleme, obwohl er es wirklich geschafft hat, innerhalb von 30 Stunden den Tubeninhalt bis auf einen kleinen Rest auf seine entzündete Stelle zu schmieren. Nach dem Motto „viel hilft viel" versucht er, seine Schmerzen zu bekämpfen. Bei mir dagegen deutet sich eine leichte Überbeanspruchung der rechten Achillessehne an.

Gemächlich bewegen wir uns vorwärts, immer der vor uns liegenden, nebelverhangenen Bergkette entgegen. Nach einer Stunde gelangen wir in ein verschlafenes Nest direkt an einer Nationalstraße, die bereits um diese Zeit von vielen Lastwagen stark befahren ist, die vermeintlich ungebremst den kleinen Ort passieren.

Unter einem großen Baum am Straßenrand finden wir Zuflucht vor einem gerade einsetzenden, kräftigen Regenschauer. Als wir kurz darauf feststellen, dass auch hier die örtliche Bar noch nicht geöffnet hat und das Wasser des

Dorfbrunnens auch nur unseren Durst stillen kann, fällt unser Blick auf die Bushaltestelle direkt neben der Bar. Ohne viele Worte zu wechseln, ist uns klar, dass wir hier auf den nächsten Bus nach Burgos warten wollen, wozu sogar in unserer „Pilgerbibel" geraten wird, um die Industrie- und Gewerbegebiete vor der Stadt zu meiden. Von dieser Gegend sind wir zwar noch weit entfernt, aber das widrige Wetter und ein steigendes Hungergefühl bremsen die Wanderlust erheblich.

Während wir vor der geschlossenen Bar ausharren, gesellt sich ein sichtlich erschöpfter und durchgefrorener Radfahrer aus München zu uns, der zusammen mit einem Freund vor drei Tagen in Pamplona gestartet ist. Als wir ihm unsere Pläne mitteilen, zieht er diese Alternative ebenfalls in Erwägung. Seinen viel sportlicheren Kollegen, der bereits vorausgefahren ist, wolle er ohnehin in Burgos wieder treffen. Für Dominik und mich ist sein Plan eine willkommene Aufheiterung: Ein Radfahrer, der auf dem Camino den Bus nutzen will, das ist neu für uns. Die Frage ist nur, wann kommt der Bus, und wird der Busfahrer den Radfahrer mitnehmen?

Jetzt kommt auch noch eine Gruppe von drei jungen Deutschen, die ebenfalls in Belorado übernachtet haben und für die in Burgos die Pilgerreise bereits zu Ende ist. Glücklicherweise kennen sie den Busfahrplan, und so wissen wir, dass wir nur noch eine Viertelstunde an dieser nasskalten Station verweilen müssen. Als der Bus erfreulich pünktlich eintrifft, warten schon zehn Fuß- und ein Radpilger, letzterer hat jedoch erhebliche Probleme, den Busfahrer zu überreden, ihn mitzunehmen. Erst nach intensivem Bitten und Flehen lässt sich der Busfahrer erweichen – allerdings muss der Radfahrer den doppelten Fahrpreis entrichten.

Im Bus entdecke ich einige bekannte Gesichter: Unter anderem einen älteren Australier, der für drei Monate quer durch Europa unterwegs ist und der gestern abend in der Bar eine Runde nach der anderen ausgegeben hat. Auch eine charmante Französin, die gestern zusammen mit ihrem Caminobegleiter an unserem Tisch gesessen ist, nutzt das öffentliche Verkehrsmittel. Wie sie berichtet, ging ihr Begleiter heute früh allein los, verlief sich dann und versucht offenbar, mit Hilfe seines im Handy integrierten mobilen Navigationssystems wieder nach Belorado zu finden, um später den Bus nach Burgos zu nehmen. Nur von Schiddi und Irene, die bereits gestern bekundet haben, Burgos mit dem Bus anzusteuern, hat niemand etwas gehört oder gesehen. In ihrer komfortablen Pension wollen sie möglicherweise erst einmal ausschlafen, um dann den Mittagsbus zu nehmen.

Unser Radfahrer schaut die ganze Zeit gespannt aus dem Fenster, um zu erspähen, wann wir endlich seinen Freund einholen. Kurz vor dem Bergkamm ist es dann soweit, und er entdeckt seinen abgekämpften Pilgerkameraden, wie er strampelnd den Berg bezwingt. Laut Busanzeige ist es draußen ungemütliche zehn Grad kalt, darüber hinaus ist es ziemlich neblig im Nieselregen. Als wir wenig später die ausgedehnten Gewerbegebiete vor Burgos passieren, sind alle froh, diese nicht sehr einladende Gegend alternativ bewältigt zu haben.

Angekommen in Burgos, Kopf und Herz Kastiliens, steuern Dominik und ich als erstes die berühmte Kathedrale an. Nach wenigen Minuten erreichen wir dieses spektakuläre Gotteshaus, dessen Planung und Ausführung eng verbunden sind mit dem abendländischen Kulturzufluss über den Camino. Die Einzigartigkeit dieses gotischen Bauwerks kann man nicht mit Worten beschreiben, nur selbst erleben. Man steht staunend vor diesem Monumentalbau und ist zutiefst beeindruckt von dem Wunderwerk architektonischer Kunst und handwerklicher Leistung.

Da wir diese historische Stadt eingehender besichtigen wollen, planen wir eine Übernachtung in einer Pension. In einem gemütlichen Café, in dem wir uns ein längst überfälliges Frühstück schmecken lassen, suchen wir in einem Hotel-Verzeichnis nach entsprechend günstigen Möglichkeiten dafür. Plötzlich schießen mir allerlei Gedanken durch den Kopf: Hatte ich nicht beabsichtigt, auf dem ganzen Ca-

Die mächtige Kathedrale von Burgos

mino kein Hotel bzw. keine Pension für mich in Anspruch zu nehmen? Hatte ich nicht gestern erst mit dem Gedanken gespielt, meinen eigenen Camino wieder gehen zu wollen? Hatte ich nicht schon genug Zeit mit meiner Gruppe verbracht? Und vor allem – war nicht jetzt der beste Zeitpunkt, dies in die Tat umzusetzen und mich auf ein unbekanntes Etwas einzulassen?

Tatsächlich gibt es keinen besseren Moment als gerade diesen. Ich habe noch den Stift in der Hand, um weitere Übernachtungsmöglichkeiten in den Stadtplan einzutragen, als ich Dominik anschaue und ganz spontan sage: „Ich verlasse Burgos und gehe weiter." Dominik überlegt kurz und entscheidet sich zu bleiben. Damit habe ich es geschafft. Wie am ersten Tag werde ich allein starten und mich von den Geschehnissen überraschen lassen. Und ich freue mich darauf. Felsenfest bin ich überzeugt, die richtige Entscheidung getroffen zu haben.

Dominik trage ich noch Grüße an meine beiden weiblichen Wegbegleiter auf, und mit einem kurzen „Mach's gut" verabschiede ich mich von meinem Gefährten. Ich suche den Weg aus der Stadt hinaus, fühle mich befreit und genieße dieses Gefühl. Dennoch beschleichen mich zwischendurch leichte Zweifel, ob es auch wirklich die richtige Entscheidung ist. Ich fühlte mich doch wohl mit meiner Gruppe, und wir haben gesellige Stunden verlebt. Aber mir ist dies alles nicht genug. Ich erwarte mehr als eine „Wohlfühlgruppe" auf dem Camino, und so bin ich gezwungen, nein: ich entscheide bewusst, den notwendigen Schritt zu tun. Mein Selbstvertrauen siegt über die Ungewissheit, denn Skepsis und Zweifel machen jeden Weg schwer.

Anhand meines Reiseführers suche ich nach einer geeigneten Herberge und beschließe, in das zehn Kilometer entfernte Tardajos zu wandern, wo es eine kleine und einfache Unterkunft geben soll. Dort will ich mich wieder aufbauen, und von dort will ich morgen meinen Weg wieder neu beginnen.

Als ich nachmittags in Tardajos ankomme, ist die Herberge noch verschlossen. An zwei Tischgruppen sitzen, besser gesagt: lagern einige Pilger, die offenbar schon länger auf die Öffnung warten. Von einer übereifrigen Deutschen wird mir die Nummer „10" zugeteilt. Sie hat die Nummer „2", da sie schon um halb zwölf hier angekommen ist. Laut ihrem Reiseführer gibt es in dieser Herberge nur Platz für zwölf Personen, und so hatte sie die Idee mit der Nummernvergabe. Logischerweise erhält der nach mir ankommende Pilger die Nummer „11" von ihr zugeteilt. Als dann eine Dreiergruppe die Herberge erreicht, vergibt sie die Nummern „12, 13 und 14". Nachdem diese Gruppe über die beschränkte Übernachtungskapazität aufgeklärt wird, läuft sie weiter. Endlich wird die Herberge geöffnet. Jetzt stellt sich heraus, dass die penible Nummernvergabe der Dresdnerin völlig überflüssig war, denn es gibt wesentlich mehr

Alter Baum mit Bank und Rucksack

Schlafmöglichkeiten. Ungefragt sollte man sich eben nicht als Organisator aufspielen!

Ich habe das Glück, in ein Vierbettzimmer eingeteilt zu werden, zusammen mit der etwas verschlossenen Dresdnerin, einem netten Franzosen und einer etwas älteren, untersetzten Spanierin. Ich sage noch zu meiner Landsfrau, dass ich mich auf eine ruhige Nacht freue, da wir nur zu viert seien. Was sich allerdings als Trugschluss herausstellen soll.

Gemeinsam mit der Deutschen mache ich mich auf zum örtlichen Laden und bemerke sofort, dass sie erhebliche Fußprobleme hat. Sie kommt nur sehr langsam vorwärts, will aber auf den Grund nicht näher eingehen. Von Anfang an macht sie einen sehr reservierten Eindruck. Als wir feststellen, dass der Supermarkt verschlossen ist, und uns anschließend der Hospitaliero darüber aufklärt, dass dies öfter vorkomme, falls die Ladenbesitzerin keine Lust habe, verweist er uns auf eine kleine Bäckerei, in der wir uns für eine Brotzeit eindecken können.

Zu meiner Überraschung bietet mir die Dresdnerin an, ihre soeben erstandene Rotweinflasche gemeinsam zu leeren. Der Alkohol scheint sie etwas gelöster werden zu lassen. Als ich während unseres Gesprächs erwähne, dass ich heute mit dem Bus gefahren bin, ist es mit ihrer Zurückhaltung vorbei. Sie fängt an zu lachen und kann sich nicht vorstellen, als Pilger den Bus zu nutzen. Als ich weiter ausführe, dass der halbe Bus mit Pilgern gefüllt war und sogar ein Radfahrer mitfuhr, fasst sie mich am Arm, legt lachend ihren Kopf an meine Schulter und versteht die Pilgerwelt nicht mehr.

Nach einem weiteren Glas Wein erzählt sie ausführlich aus ihrem Leben und erwähnt auch ihre durch eine Schienbeinentzündung verursachten Laufprobleme. Deshalb hat sie sich für die morgige Etappe das nur wenige Kilometer entfernte Nachbardorf vorgenommen. Anders als Irene und Schiddi steht sie einer Busfahrt höchst skeptisch gegenüber. Je später der Abend, desto redseliger und zutraulicher wird sie, immer wieder fasst sie mich jetzt am Arm oder klopft mir auf die Schulter. Ein bisschen Rotwein kann eine erstaunliche Wirkung haben!

Abends dann in unserem Zimmer kommt die große Überraschung in Form unserer korpulenten Spanierin. Als wir alle schon versuchen einzuschlafen, klingelt ihr Handy. Völlig ungeniert brüllt sie minutenlang in ihr Gerät. Nachdem sie endlich aufgelegt hat, dauert es nicht lange, bis die nächste Lärmbelästigung von ihr ausgeht. So laut fängt sie an zu schnarchen, dass selbst mein südkoreanischer Pilgerfreund Hwang noch von der direkt unter mir liegenden Spanierin hätte lernen können. Wie eine Schweineherde, die nach drei Tagen das erste Mal wieder etwas zu fressen bekommt, hören sich ihre Schlafgeräusche an. Gute Nacht!

$\mathcal{I}$m $\mathcal{P}$fützenmeer durch die $\mathcal{M}$eseta

Ausgeglichenheit: Tardajos bis Castrojeriz

$\mathcal{D}$er heutige Morgen beginnt so, wie der gestrige Abend geendet hat. Noch bevor ich zum ersten Mal meine Augen öffne, meldet sich das Handy der Spanierin. Eifrig versucht sie es hervorzukramen, um mit lauter Stimme rücksichtslos zu berichten, wie sie die vergangene Nacht verbracht hat. Zwar ist ihr Mitteilungsbedürfnis zu früher Morgenstunde nicht so ausgeprägt wie am Abend zuvor, doch an ein Weiterschlafen ist für mich und meine Pilgerkollegen nicht mehr zu denken.

Ein kurzer Blick aus dem Fenster bestätigt meine Befürchtung – es gießt wie aus Kübeln. Schon Tags zuvor hat uns der junge Hospualiero über den zu erwartenden Wetterumsturz informiert. Für meine Regenbekleidung ein echter Härtetest! Zu Hause würde ich bei solch einem Wetter freiwillig keinen Fuß vor die Tür setzen. Aber ein gestandener Pilger lässt sich von solchen Widrigkeiten nicht die Laune verderben. Ohne Frühstück stürze ich mich in die Fluten. Aber vielleicht ist dieser Regen ein Zeichen von oben, vielleicht wirkt er reinigend auf mich und meine Gedanken, schwemmt alte Vorstellungen beiseite und macht Platz für neue Orientierungen. Regen reinigt nicht nur, er lässt auch neues Leben entstehen, zumindest in der Natur.

Aber ganz so heftig muss er dann auch nicht sein. Tief heruntergezogen habe ich die Kapuze meiner Regenjacke, denn der

Auch solche Wege müssen durchschritten werden

Wind, der durch die spanische Meseta weht, klatscht mir ununterbrochen die Tropfen ins Gesicht. Da er von links kommt, habe ich diese Gesichtshälfte komplett unter der Kapuze versteckt, so dass ich nur mit dem rechten Auge auf den Weg schauen kann und lediglich die nächsten zwei bis drei Meter im Blickfeld habe. Nur zum Trinken hebe ich meinen nach vorn gebeugten Kopf, öffne meinen Mund und lasse die Regentropfen auf meine Zunge prasseln. Heute wird mich niemand vor dem Verdursten retten müssen! Auch für meine Schuhe sind diese Regengüsse eine Herausforderung. Auf manchen Streckenabschnitten ist es schier unmöglich, dem Pfützenmeer zu entkommen. „Augen zu und durch", lautet die Devise. Und als ob der Regen, der Wind und die zu passierende Seenlandschaft nicht schon genug Widrigkeiten sind, öffnet sich jetzt ein Blick ins nächste Tal an einer Stelle, die für Drachenflieger der op-

timale Startplatz wäre. Plötzlich stehe ich an einer Abbruch-
kante, die laut Reiseführer den bezeichnenden Namen „Cuesta
de Matamulos" trägt, was soviel heißt wie „Maultiertöter". Als
begeisterter Skifahrer würde ich den vor mir liegenden Hang
als tiefschwarze Piste bezeichnen. Auf glitschigem und steini-
gem Untergrund steige ich höchst vorsichtig und konzentriert
den etwa 500 Meter langen Abhang hinunter. Dabei melden
sich auch meine beiden Blasen wieder, die bei jedem Schritt
unweigerlich nach vorne an den Schuhrand gedrückt werden.
In der Senke angekommen bleibe ich eine Weile stehen, bis
sich das Pochen an den Zehen einigermaßen gelegt hat.

Erfreulicherweise ist das nächste Dorf schon in Sichtweite,
und ich nehme Zuflucht in einer Bar, in der ich endlich frühstücken kann. Doch auch während meiner ausgedehnten
Pause hat der Himmel kein Einsehen mit geplagten Pilgern.
Es schüttet wolkenbruchartig, und die nächste Meseta muss
durchlaufen werden – grenzenlose Weite, wohin das Auge
blickt. Hier wird jeder Baum zum Ereignis, Schutz vor Wind
und Wetter sucht man meist vergeblich. Ein Gefühl von Unendlichkeit überkommt mich, Entfernungen lassen sich nur
schwer abschätzen. Dann und wann taucht ein kleines Dorf
am Horizont auf, das ohne seine überdimensionale Kirche
leicht zu übersehen wäre.

Erinnerungen haben offensichtlich eine lange Halbwerts-
zeit: Angesichts der sintflutartigen Regenfälle kommt mir
mein Indienurlaub vor fast zwanzig Jahren in den Sinn, den
ich zusammen mit meiner Frau, damals noch Freundin, als
Rucksacktourist unternahm. Den Abschluss unseres Trips
quer durch den faszinierenden Subkontinent sollte ein erhol-
samer, mehrtätiger Badeaufenthalt in der Provinz Goa am
Indischen Ozean krönen. Doch der ungewöhnlich frühzeitig
einsetzende Monsunregen machte uns einen kräftigen Strich
durch die Rechnung. Von früh bis spät goss es fast ununterbrochen. Als eines Morgens überraschend kein Regen fiel, nutzte
ich die Gelegenheit für eine Strandwanderung durch wilde
Palmenhaine. Doch aus heiterem Himmel öffneten sich erneut
die Schleusen, und ich war bis auf die Haut durchnässt – aller-

Burgruine über Castrojeriz

dings bei wesentlich angenehmeren Temperaturen. Auch trug ich damals im Gegensatz zu heute keine regendichte Bekleidung. Nach gut drei Stunden Dauerregen bin ich wenigstens überzeugt, dass ich nicht vergebens reichlich Geld in meine spezielle „Outdoor"-Garderobe investiert habe.

Nach zwanzig Kilometern ermüdendem Kampf durch Wind und Wetter sind endlich die ersten Anzeichen einer Wetterbesserung in Sicht. Weit hinten am Horizont kann ich kleine blaue Streifen erkennen, nach einer halben Stunde reißt der Himmel auf, und die Sonne kämpft sich immer mehr ihren Weg durch die abziehenden Wolkenfetzen. Dass ich heute noch einen sonnigen Nachmittag erleben werde, hätte ich vor einer Stunde nicht zu träumen gewagt.

Zunächst erblicke ich nur die Kirchturmspitze, schließlich durchquere ich den idyllischen Ort Hontanas und habe noch zehn Kilometer bis zu meinem Etappenziel Castrojeriz. Auf engen Pfaden durch unberührte Natur führt mein Weg später wieder auf eine Teerstraße, mit der ich bis zum Etappenziel vorliebnehmen muss. Schon von weitem entdecke ich die imposante Burgruine auf einem kahlen Tafelberg, an den sich der alte Pilgerort, dessen glorreiche Vergangenheit eng mit dem Jakobsweg verknüpft ist, anschmiegt. Nachdem ich meine Trinkflasche mit frischem Brunnenwasser aufgefüllt habe, steuere ich auf die Gemeindeherberge zu.

Nach einer wohltuenden Dusche und dem obligatorischen Einkauf mache ich es mir auf der sonnigen Terrasse bequem. Ich geselle mich zu zwei Frauen, die ihrem Dialekt nach zu urteilen aus Österreich kommen. Meine Vermutung bestätigt sich, Steffi und Erika stammen aus der Nähe von Linz. Während wir die letzten wärmenden Sonnenstrahlen absorbieren, erzähle ich ihnen meine Geschichte von Pumuckl, unterlegt mit Fotos meiner Digitalkamera. Die Ähnlichkeit von Irene mit der Trickfigur finden auch sie bemerkenswert. Als sich die beiden Österreicherinnen frühzeitig zurückziehen, bleibe ich noch auf der Terrasse sitzen und spreche einen jungen Spanier an, der mir bereits bei der Übernachtung in Tardajos aufgefallen war. Mit seiner schwarzen Lockenpracht, aus der drei Rasterzöpfe ragen, bleibt er ähnlich im Gedächtnis haften wie mein Pumuckl. Esteban, so sein Name, stammt aus Pamplona, dem Ausgangspunkt meiner Pilgerschaft. Nur allmählich entwickelt sich ein Gespräch, da es erst einmal auszuloten gilt, auf welche Art und Weise bzw. in welcher Sprache wir kommunizieren wollen. Hände und Füße, das kann es doch nicht sein. Spanisch beherrsche ich nicht. Und Englisch scheint nicht gerade Estebans Lieblingsfach gewesen zu sein. Anfangs habe ich den Eindruck, er geniert sich, diese Sprache aus seinem Mund herauszulassen. Da er aber keine andere Wahl hat, wenn er sich auf ein Gespräch mit mir einlassen will, muss er über seinen Schatten springen und es einfach versuchen. Ich bemühe mich, ihm keineswegs das Gefühl von Unkenntnis zu vermitteln. So erkämpfen wir uns allmählich den Zugang zueinander. Bei der zweiten gemeinsamen Zigarette funktio-

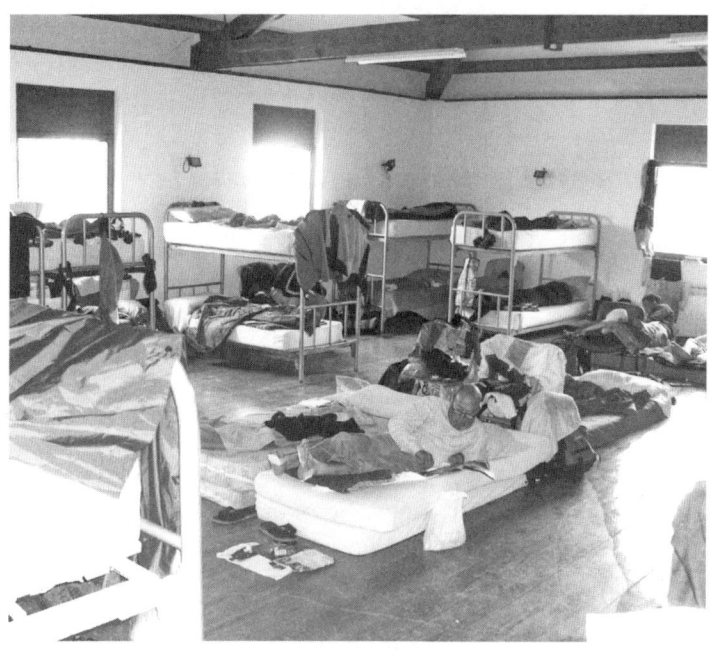

Schlafraum in der Herberge von Castrojeriz

niert es schon bedeutend besser. Die gegenseitige Sympathie verstärkt unsere Bemühungen und beflügelt unsere Unterhaltung, und da offenkundig „die Chemie stimmt", beschließen wir, morgen gemeinsam auf die Piste zu gehen.

Ein weiteres interessantes Gespräch führe ich anschließend mit einem Deutschen, der bereits in Santiago war. Er wandert jetzt den gesamten Weg zurück und erzählt, dass er schon seit einigen Tagen mittellos ist und sich bis nach Bayonne durchschlagen muss, denn von dort aus hat er ein Bahnticket nach Deutschland. Er bevorzugt Herbergen auf Spendenbasis und hatte bisher keinerlei Probleme, ohne Geld auszukommen. Ich berichte ihm von der kostenlosen Übernachtungsmöglichkeit in Grañon und der offenen Spendenbox, aus der man sich bei Bedarf auch „bedienen" kann. Vielleicht ist ihm diese Information hilfreich.

*G*edanken
eines *W*eltenbummlers

Wertschätzung: Castrojeriz bis Frómista

*E*ndlich bin ich mit einem Spanier auf dem Camino unterwegs und dazu mit einem überaus sympathischen, der einige Pilgererfahrungen gesammelt hat. Bereits in den vergangenen Jahren hat er Teilabschnitte erwandert, dieses Mal ist er in Logroño gestartet, und León soll sein Ziel sein. Ich spüre eine Art Vorfreude und bin neugierig, wie sich unsere Beziehung entwickeln wird, und ob sich überhaupt etwas entwickelt. Nach einem eher spartanischen Frühstück – ein paar vertrocknete Kekse und Pulverkaffee – schlendern wir zunächst gemächlich aus dem Städtchen unserem heutigen, etwa 26 Kilometer entfernten Ziel Frómista entgegen.

Sogleich bemühe ich mich, Estebans begrenzten Englischwortschatz zu aktivieren, denn nur so kann eine vernünftige Konversation aufgebaut werden. Um ihm das Verstehen der englischen Sprache zu erleichtern, wähle ich eine einfache Ausdrucksweise und beschränke mich auf einen Grundwortschatz. Und dies klappt recht gut. Jetzt muss sich Esteban nur noch überwinden, seine verborgenen Kenntnisse einzusetzen. Er unternimmt wirklich alle Anstrengungen, ich kann förmlich spüren, wie er längst Verstaubtes aus den hintersten Gehirnwindungen kramt. Sogar sein Körper ist dabei in Aktion. Diesen Prozess versucht er mit seinen Worten zu erklären und gibt mir zu verstehen, dass das Übersetzen seiner spanischen Gedanken in sein bisschen Englisch nicht so leicht ist und gewisse Zeit beansprucht. Aber Zeit haben wir genügend auf unserem Weg.

Trotz unserer mühevollen Unterhaltung gibt es viel zu lachen, vor allem, wenn Esteban ein bestimmtes Wort partout nicht einfallen will. Dann sagt er es in Spanisch, schüttelt den Kopf und muss meist selbst darüber schmunzeln. Ich genieße schlichtweg die Gesellschaft dieses unbeschwerten Menschen. Gemeinsam nehmen wir den ersten, sehr steilen Anstieg des Tages in Angriff. Auf der Hochebene haben wir einen reizvollen Blick über die um diese Jahreszeit in den verschiedensten Grüntönen eingefärbte Landschaft, die mit dem blauen Himmel kontrastiert. Der Wind, der hier oben beständig über die Ährenfelder streicht, verstärkt den Effekt eines wogenden Getreidemeers.

Schon während des Anstiegs verspürte ich wieder ein unangenehmes Ziehen an der rechten Achillessehne und signalisiere Esteban nun, das Marschtempo etwas zu drosseln. Sofort geht er auf meine Andeutung ein. Ich erkläre ihm, dass dies kein konditionelles Problem sei, sondern die Schmerzen würden aus der ungewohnten Überbeanspruchung meiner Sehnen während der letzten Tage resultieren. Schließlich strample ich zu Hause jedes Jahr tausend Kilometer auf meinem Crosstrainer ab.

Bereits nach wenigen Minuten passieren wir die kleine Hochebene. Nachdem wir den ebenfalls recht steilen Abstieg bewältigt haben, gelangen wir von einer Sekunde auf die andere auf einen Streckenabschnitt, der für einen Kobold – wenn er diesen Weg gehen müsste – das schlimmste vorstellbare Szenario wäre. Die Piste besteht aus einer Art Kaugummi. Auf einer Länge von drei Kilometern ist es schier unmöglich, diese klebrige Masse unter den Sohlen abzustreifen. Meine Schuhe werden geschätzte zwei Kilo schwerer, und meine Körpergröße wächst wahrscheinlich um zehn Zentimeter. Meine Teleskopstöcke sind hier Gold wert, um immer wieder das Gleichgewicht zu finden. Jetzt hätte ich gerne meine Langlauflatten unter den Füßen, um diese Schlickstrecke zu überwinden. Nur eine geeignete Wachsschicht müsste für diesen Untergrund noch erfunden werden. So plötzlich wie dieser lästige Abschnitt begonnen hat, ist der Spuk auch wieder vorbei.

Durch die anstrengende Passage verschlimmern sich meine Achillessehnenschmerzen erheblich. Ich kann und will Estebans Tempo nicht länger folgen und ermutige ihn, ruhigen Gewissens vorauszugehen. Erst nach mehrmaliger Aufforderung zieht er des Weges. Wie langsam ich werde, merke ich am Vorbeilaufen etlicher Pilger, die ich zuvor mit Esteban überholt habe. Als meine Beschwerden immer heftiger werden, erinnere ich mich an die übrigen Schmerztabletten der hilfsbereiten Österreicherin von Los Arcos. Schon bald nachdem ich eine geschluckt habe, bin ich gleichsam schmerzfrei. Unbewusst steigere ich mein Lauftempo und renne plötzlich wie ein Wiesel.

So ähnlich muss es mit dem Doping sein, schießt es mir in den Sinn. Ich fliege regelrecht durch die fruchtbare Landschaft, passiere ein Weizenfeld nach dem anderen, laufe einige Kilometer entlang am Canal de Castilla, dem wichtigsten Bewässerungssystem der gesamten Region, halte das flotte Tempo aufrecht und überquere schließlich kurz vor meinem Etappenziel Frómista eine eindrucksvolle Schleusenanlage. Da es in dieser Stadt nur eine Herberge gibt und ich Esteban auf der Strecke nicht mehr getroffen habe, vermute ich, dass er noch einige Kilometer drauf gelegt hat.

Zunächst beziehe ich meine Bettstelle, packe meine Utensilien aus und verschwinde in den Duschraum. Als ich mich in dem großen Spiegel betrachte, erkenne ich mich kaum wieder. Sichtlich erschrocken mustere ich meinen Oberkörper, der mir vorkommt, als hätte gerade eine Fett- und Muskelabsaugung stattgefunden. Spindeldürr empfinde ich mich und nehme mir vor, künftig wesentlich mehr zu essen. Vor allem kalorienreiche Nahrung soll auf den Speiseplan. Nicht wenige würden angesichts die-

Vorsicht vorm Steckenbleiben

ser Gewichtsabnahme Freudensprünge machen, ich aber bin bei einer Köpergröße von 1,80 m mit 76 Kilo auf dem Camino gestartet und will nicht abgemagert heimkehren.

Doch erst einmal verwöhnen wärmende Wasserstrahlen meinen geschundenen Körper. Ich greife zu meiner kleinen Duschlotion und will mich gerade einshampoonieren, als ich merke, dass ich mir soeben Gesichtscreme auf die Hand gepresst habe. Vielleicht bin ich vorhin doch zu schnell gelaufen, und die Sauerstoffzufuhr in meinen Gehirnzellen hat bereits gelitten. Klitschnass, nur mit einem Handtuch bedeckt, muss ich durch die halbe Herberge zu meinem Bett, um mir aus meinem Waschbeutel die richtige Lotion zu besorgen.

Als ich nach einer kurzen Ruhepause zu einer Erkundungstour durch die Stadt starten will, erblicke ich Esteban, der gerade eben angekommen ist. Freudig begrüßen wir uns und sind erstaunt, dass wir fast gleichzeitig eingetroffen sind. Er berichtet von einem längeren Aufenthalt in einer Bar, und ich erzähle ihm von meiner „Dopingpille". Glücklich über unser Wiedersehen verabreden wir uns in einer halben Stunde zu einem gemeinsamen Bier. Im Eingangsbereich der Herberge treffe ich auch die beiden Linzerinnen von gestern abend wieder, die mir sogleich mitteilen, dass sie möglicherweise kurz vor dem Ortseingang Pumuckl mit zwei Begleitern gesichtet hätten. Das müssen Schiddi und Dominik sein!

Ganz aufgeregt laufe ich mit meinen Badelatschen durch die Stadt, schaue in jede Bar, eile zum Ortseingang und durchsuche nochmals jede Bar. Ich kann sie jedoch nirgends entdecken. Enttäuscht kehre ich zur Herberge zurück. Vielleicht sind sie inzwischen dort eingetroffen. Aber von den Dreien keine Spur! Es wäre auch ein unwahrscheinlicher Zufall, wenn ich das Trio hier getroffen hätte, denn sie hätten einen Großteil der Strecke mit dem Bus zurücklegen müssen. Steffi und Erika werden sich bestimmt getäuscht haben.

Jetzt aber will ich mit Esteban ein Bier trinken, sicherlich eine bessere Idee, als mit Badelatschen durch die Stadt zu sprinten. Selbstverständlich bleibt es nicht bei einem, denn Laufen macht bekanntlich durstig. Während der lockeren und vergnügten Unterhaltung lädt mich Esteban zu sich nach Pamplona ein, er könne mich dann kulinarisch verwöhnen, denn von Beruf ist er gelernter Koch. Dann erzählt er mir, dass er sich für einige Monate eine Auszeit genommen hat, um fremde Länder und Kulturen zu erkunden. Schon Anfang des Jahres reiste er durch Südamerika, wobei ihn das Hochland der Anden besonders faszinierte. Da seine finanziellen Möglichkeiten begrenzt sind, versucht er, möglichst bei Freunden unterzukommen, um sich teure Übernachtungen zu sparen. Spontan lade ich ihn daraufhin nach Bayern ein, denn für meinen Pilgerkameraden steht jederzeit ein Bett bereit. Jetzt hat mein neuer Freund meine

Beeindruckende Weite der Meseta

Neugierde geweckt, und ich möchte wissen, was den jungen Weltenbummler dazu bewegt, sich immer wieder auf Pilgerschaft zu begeben. Mit seinen bescheidenen Englischkenntnissen bemüht er sich angestrengt, meine Frage erschöpfend zu beantworten. Dabei zeigt sich der lebensfrohe Spanier von einer bisher nicht erwarteten Ernsthaftigkeit, ich lerne einen höchst nachdenklichen Esteban kennen. Er sei ohne konkreten Anlass seinen Weg gestartet und habe erst nach und nach bemerkt, welche einzigartigen Erfahrungen die tägliche Wanderung bereithält, reflektiert der sich sonst so unbekümmert gebende junge Mann. Der Weg und die Begegnung mit vielen Gleichgesinnten ermöglichen ihm, einen besseren Zugang zu sich selbst zu bekommen, seine Wertvorstellungen zu überdenken und sich auf die Mentalität der anderen Pilger einzulassen. Eingefahrene Denkweisen können so in Frage gestellt und Impulse für die Lebensplanung gewonnen werden. Eine Einstellung, die ich gänzlich mit ihm teile. Zum Abschluss dieser tiefsinnigen Betrachtung zeige ich Esteban noch einige Fotos von meiner Frau und meinen Kindern, die ich auf der Kamera gespeichert habe, und bei einem letzten Bier lassen wir unseren geselligen Nachmittag ausklingen.

Zu späterer Stunde entwickelt sich im Aufenthaltsraum der Herberge eine angeregte Diskussion über das morgige Etappenziel. Zusammen mit einer größeren Gruppe von Österreicherinnen, die mit einem Begleitfahrzeug unterwegs sind, stellen wir fest, dass die Distanz zur nächsten größeren Stadt Sahagún schwierig zu teilen ist. Denn auf dem mittleren Teilstück von 18 Kilometern gibt es weder Ortschaft noch Herberge. Bis Sahagún sind es gut 60 Kilometer, und die meisten Pilger wollen die Stadt in zwei Tagen erreichen. Nach einem oder vielleicht auch zwei Gläschen Rotwein war die Entscheidung gefallen. Am geeignetsten erscheint uns die Teilung in zwei Etappen von 38 und 23 Kilometer. In der Hoffnung, dass meine Achillessehne diese größere Distanz am morgigen Tag durchhalten wird, begebe ich mich zur Nachtruhe.

So schön müsste sterben sein!

Bescheidenheit:
Frómista bis Calzadilla de la Cueza

An diesem Tag wollte ich früher als gewöhnlich aufstehen und bereits gegen 7.00 Uhr die Herberge verlassen. Da am heutigen Sonntag die Geschäfte geschlossen sind, hatte ich mich Tags zuvor für das Frühstück angemeldet, das in dieser Herberge angeboten wird. Aber es kommt wieder einmal alles anders. Als ich gegen 7.30 Uhr erwache, stelle ich erschrocken fest, dass die meisten Betten bereits geräumt sind. Nach einer eiligen Morgentoilette stopfe ich alle Utensilien in meinen Rucksack und stürze in den Frühstücksraum. Schnell schütte ich eine Tasse Kaffee hinunter und stecke mir zwei Kuchenstücke in die Jackentasche. Die bereitgestellte Minipackung Ananassaft landet in meiner Hosentasche. Möglichst rasch möchte ich die lange Etappe in Angriff nehmen.

Erst nach dem Verlassen der Herberge werde ich allmählich ruhiger, und nach einigen hundert Metern, die man jeden Morgen zum Einlaufen braucht, finde ich meinen Rhythmus. Aufgrund der bisherigen Erfahrungen will ich die Strecke keinesfalls zu schnell angehen und mich und meine Füße nicht überfordern. Das Tempo selbst bestimmen, eins werden mit sich, der Zeit und dem Raum. Leise beginne ich vor mich hin zu träumen, meine Gedanken verlieren sich im Rhythmus der Schritte. Ich genieße die ersten Kilometer und fühle mich gut. Auch das Wetter scheint heute mitzuspielen. Es ist zwar bewölkt, nach Regen sieht es aber nicht aus. Während des Wanderns verdrücke ich hungrig beide Kuchenstücke. Da es wärmer wird, nehme ich mir Zeit für eine kurze Rast an einem Brunnen und ziehe meine Überjacke aus, der Fleecepullover darunter reicht völlig.

Nach gut einer Stunde vernehme ich hinter mir ein immer lauter werdendes Klackgeräusch, das nur Wanderstöcke verursachen können, und weiß, dass mich bald ein flinkerer Pilger einholen wird. Aber nach so vielen Wandertagen dreht man sich erst gar nicht mehr um, um zu sehen, wer da kommt. Gelassen akzeptiert man, dass einer schneller ist, und lässt sich überraschen, ob man die Person schon einmal gesehen hat oder sogar näher kennt.

Als die Klackgeräusche bereits sehr deutlich zu vernehmen sind, ruft plötzlich jemand „Hans". Ich brauche mich nicht umzusehen, freue mich und rufe nur „Esteban". Er kam heute morgen noch später aus seinem Schlafsack als ich und wollte offenbar zu mir auflaufen. Beide sind wir froh, für diese längere Etappe einen Laufpartner gefunden zu haben. Esteban und ich sind aber eigentlich keine Partner mehr, es verbindet uns vielmehr bereits eine freundschaftliche Vertrautheit. Ihn ärgert es sichtlich, dass er mit seinem begrenzten Englischwortschatz nicht immer alles so ausdrücken kann, wie er es gerne möchte. Ich verstehe ihn auch so und bin dankbar, wieder einen Freund an meiner Seite zu haben, vielleicht sogar den besten auf dem Camino.

Wir unterhalten uns über „Gott und die Welt", es ist eine freie und ungezwungene Konversation. Ich erzähle ihm auch von meinen unvergleichlichen Erlebnissen in der Herberge von Grañon, wo wir mit dem Padre dieses einzigartige Tischgebet anstimmen durften. Vor lauter Übermut spielen wir mit unseren Wanderstöcken Luftgitarre und singen gemeinsam „We will rock you" und danken Freddie für seinen Song. Dann stellt Esteban eine Frage, der ich auf dem Camino schon öfters versuchte auszuweichen. Er fragt mich nach meiner Berufstätigkeit. Nach einem kurzen Durchschnaufen stelle ich fest, dass ich keineswegs irritiert bin und es mir bei ihm gar nichts ausmacht, meine Geschichte zu erzählen, worauf er mit einem „Maybe, you will find" reagiert. „Maybe" ist offensichtlich sein Lieblingsausspruch und passt auch nahezu überall. Mich erinnert dieses „Maybe" an Franz Beckenbauers „Schau ma mal". Und diese Devise wird sicher von vielen Pilgern unterstrichen.

Spaßeshalber schlage ich meinem neuen Freund vor, eine kleine bayerische Bar auf dem Camino zu eröffnen. Wir könnten Brezen und Weißwürste mit süßem Senf verkaufen, zusätzlich Schweinswürste mit Sauerkraut anbieten und Weizenbier ausschenken. Aber schon allein ihm zu erklären, was man sich unter einer bayerischen Breze vorzustellen hat, dauert eine kleine Ewigkeit. Immer wieder erkläre ich es ihm aufs Neue, zeichne die Form einer Breze in den sandigen Untergrund und bin mir bis zum Schluss nicht sicher, ob er es verstanden hat. Unter diesen Umständen lasse ich erst einmal von dieser Geschäftsidee ab.

Esteban berichtet mir, dass er schon einmal in Berlin war. Ein spezielles Wort, das ihm bei seinem Deutschlandbesuch immer wieder begegnete und das ihm anscheinend besonders gefiel, rettete er in seine spanische Gegenwart. Und er spricht dieses Wort perfekt aus: „Alexanderplatz". Immer wieder musste er in Berlin über den Alexanderplatz laufen. Immer wieder. Erstaunlicherweise empfand er seinen Aufenthalt in Berlin als besonders preiswert. „It's very cheap in Berlin", betont er stets. Ich kann ihn auch nicht davon abbringen. „Really, it's very cheap in Berlin", entgegnet er mir. „The beer is very cheap there." Später berichtet er, dass er in Berlin immer leere Dosen und Flaschen gesammelt und dafür das Pfand kassiert hat. Vielleicht war Berlin auf diese Weise wirklich „cheap".

Endlich nähern wir uns einem kleinen Dorf und freuen uns auf eine kurze Rast. Sogleich suchen wir die einzige Bar auf, in der ich erst einmal auf die Toilette verschwinde. Als ich zurückkomme, hat Esteban unaufgefordert nicht nur seinen kleinen Espresso, sondern auch meinen großen Café con leche bestellt. Zusätzlich liegt ein Stück Kuchen für mich bereit, und bezahlt ist auch schon. Wir setzen uns in den idyllischen Vorgarten, in dem nur eine Pilgerin verweilt. Erneut greife ich das Thema bayerische Camino-Bar auf, worauf sich die Frau, die unser Gespräch verfolgt, prompt einschaltet. „Ich finde diese Idee nicht so gut, denn die Pilger gehen lieber in eine spanische Bar, mit Ausnahme der Bayern", erklärt sie. Wahrscheinlich hat sie recht. Da sie ihrem Dialekt nach aus der Schweiz kommt, entgegne ich schlagfertig: „Selbstverständlich verkaufen wir auch Toblerone." „Dann komme ich auch", ist ihre spontane Antwort, und mit einem „Buen Camino" verabschiedet sie sich.

Wieder auf der Piste fühle ich, dass sich in meinem rechten Fuß ein weiteres Problem ankündigt, und bitte Esteban, das Tempo etwas zu drosseln. Indem ich meine angeschlagene Achillessehne instinktiv zu entlasten versuche, muss ich anscheinend mein rechtes Schienbein stärker belastet haben, was sich durch ein leichtes Ziehen bemerkbar macht. Auch die langsamere Gangart zeigt keinen Effekt, so dass sich die Schmerzen mit jedem Schritt verschlimmern. Daher bin ich froh, als wir nach einer weiteren Stunde die größte Stadt auf unserem heutigen Marsch erreichen.

Höchst erstaunt beobachte ich die vielen Menschen auf den Straßen. Es ist das Fest Fronleichnam, Corpus Christi, das heute in Carrión de los Condes gefeiert wird. Auf einer die ganze Stadt durchziehenden Straße sind über die gesamte Breite die buntesten Motive ausgelegt. Nur am Straßenrand bleibt ein schmaler Weg für die zahllosen Passanten, die aus allen Landesteilen angereist sind. Mit Pfeilen auf den Seitenstreifen ist die Laufrichtung vorgegeben. Polizisten sorgen zusätzlich für Ordnung. Als Unterlage und als Begrenzung der ungewöhnlichen Kunstwerke dient geschnittenes Gras. Eingearbeitet sind in den leuchtendsten Farben Schmetterlinge, Blumen und kunstvolle Ornamente. Kaum jemand traut sich, die in mühevoller Arbeit geschaffenen Kreationen zu betreten.

Hier in Carrión de los Condes kündigt sich für mich eine Begegnung an, die noch weitreichende Konsequenzen für den späteren Verlauf meines Camino haben wird. Esteban spricht eine junge Frau an, die ihm anscheinend schon während der letzten Tage über den Weg gelaufen und aufgefallen ist. Er unterhält sich ganz aufgeweckt mit ihr. Etwas abseits stehend bekomme ich von ihrem Gespräch so gut wie nichts mit. Ursprünglich will ich nur eine Zigarette rauchen und dann wieder raus aus dem Menschengewühl. Mich beschäftigen die Schmerzen in meinem Unterschenkel und die noch anstehenden 18 Kilometer. Auf dieser Strecke gibt es keine Ortschaft, in der man rasten, geschweige denn übernachten kann. Ich hoffe, dass ich mein angestrebtes Ziel, Calzadilla, am späteren Nachmittag unversehrt erreiche.

Zwischenzeitlich habe ich am Rande mitbekommen, dass es sich bei Estebans Gesprächspartnerin um eine Kärntnerin handelt, die sich ein paar Brocken Spanisch angeeignet hat, was meinem Freund die Konversation deutlich erleichtert. Jetzt müsste ich Esteban eigentlich nur auffordern, seine Unterhaltung zu beenden, um mit mir die Stadt zu verlassen. Doch es ist mir unmöglich, ihn von dieser sympathisch wirkenden Pilgerin zu trennen. So verabschiede ich mich von den beiden und mache mich allein auf den Weg durch die Stadt. Früher oder später wird Esteban sowieso wieder zu mir auflaufen.

Mir steht jetzt erst einmal eine Viertelstunde Entschleunigung bevor. So lange dauert es jedenfalls, bis ich das bunte Treiben hinter mich bringe. Endlich bin ich wieder auf meinem Weg. Wie sehr ich an diesem Tag die Entschleunigung noch erfahren werde, ahne ich zur Stunde nicht. Dass die vor mir liegenden Kilometer mit meinem schmerzenden Schienbein nicht leicht werden, darauf bin ich eingestellt. So trotte ich gemächlich aus der Stadt, immer darauf bedacht, mich möglichst zu schonen, dabei wird meine Schrittlänge immer kürzer. Aber jetzt zur Mittagszeit besteht noch kein Grund zur Beunruhigung.

Die ersten Kilometer verlaufen auf einer Teerstraße, für geplagte Sehnen der unangenehmste Untergrund. Kerzengerade führt die Straße aus der Stadt, und deshalb kann ich immer einen weiten Blick zurückwerfen, ob mich jemand einholen wird. Zunächst folgt mir niemand, dann sehe ich weit hinter mir den ersten Wanderer näher kommen. Zu diesem Zeitpunkt ist es nicht das Einzige, was sich nähert. Ein Blick gen Himmel verrät mir, dass mir in den nächsten Minuten auch ein nasses Geschenk von oben entgegenkommen könnte. Und beides ereignet sich fast gleichzeitig.

Die Person von hinten ist Esteban, und das Geschenk von oben ist ein kräftiger Regenschauer, der meinen spanischen Freund dazu treibt, sich nach einer gemeinsamen Zigarette wieder davonzumachen. Mir ist dies nur zu verständlich, denn Estebans dürftige Regenbekleidung besteht lediglich aus einem zerfetzten Regenponcho, den er sich über seinen Rucksack schwingt. Dreimal fragt er mich, ob auch wirklich alles dicht sei, und dreimal antworte ich mit „ja". Mehr kann ich nicht tun für ihn, wir wünschen uns einen guten Weg, dann sehe ich nur noch seine Hacken. Mich stört der Regen nicht übermäßig; ich ziehe meine wasserdichte Jacke und Überhose an und schütze meinen Rucksack mit einem Regenbag. So schnell wie der Schauer aufgekommen ist, so schnell zieht er auch schon wieder ab. Aber nicht nur der Regen hat sich verzogen, sondern auch mein bester Freund.

Wenigstens hat der Untergrund gewechselt, und für die verbleibenden zwölf Kilometer laufe ich auf einer angenehmen Piste. Auf meine Geschwindigkeit wirkt sich dies nicht mehr förderlich aus. Meine Schritte sind kaum größer als die Länge meiner Schuhe. Auf irgendeine Weise muss ich mir Ablenkung verschaffen, um nicht an die noch zu bewältigende Distanz zu denken. So mache ich einige Fotos von den bunten Blumen, die den Wegesrand säumen, und versuche, an ihnen zu riechen. Ich schreibe bewusst „versuche", da mein Geruchssinn nicht sonderlich ausgeprägt ist. Insofern ist es nicht verwunderlich, dass ich keinen Duft wahrnehme. Ich rieche an verschiedenfarbigen Blumen. Doch weder bei den leuchtend roten noch bei den schönen blauen und schon gar nicht bei den gelben stellt sich ein Erfolg ein.

Zwischenzeitlich hat sich die Sonne neuerlich den Weg durch die wieder spärlichere Wolkendecke erkämpft, und die Temperatur steigt deutlich an. Da ich noch immer in Regenmontur herumschleiche – von Wandern kann keine Rede sein –, pausiere ich erst einmal, um wenigstens meine Überhose abzustreifen. Als ich zu meiner Wasserflasche greife, stelle ich mit Entsetzen fest, dass mein Flüssigkeitsvorrat bis auf einen bedenklich kleinen Rest zusammengeschrumpft ist. So gönne ich mir lediglich einen Schluck. Jetzt heißt es wieder Rucksack rauf und weiter. Kilometer um Kilometer kein Haus, kein Baum, kein Strauch, und fast kerzengerade führt mein Weg in eine scheinbare Unendlichkeit. In diesem Moment wird mir die Einsamkeit des Pilgerns förmlich vor Augen geführt.

Als ich beginne, andächtiger zu werden, läuft ein Pilger mit sehr raschem Schritt zu mir auf. Während er mich dahinhumpeln sieht, fragt er: „Na, wie geht's?"

„Bist du Horst?" – eine total blödsinnige Antwort auf seine Frage.

Jetzt meint er verblüfft: „Wie kommst du denn auf Horst?" Ich erkläre ihm, dass ich vor wenigen Tagen von jemand gefragt wurde, ob ich Horst aus dem Bayerischen Wald kenne, und er mit seinem Vollbart und seinem Hut für mich wie Horst aussieht. Er sei aber nicht Horst, sein Name sei Falk und er komme aus Köln, antwortet er mir, wünscht mir noch alles Gute, und ich solle die Zähne zusammenbeißen. Weg ist er.

Bestimmt noch neun Kilometer. Jetzt beiße ich wirklich auf die Zähne und trotte weiter, während ich mich auf die zahlreichen Wasserpfützen konzentriere. So wird die Eintönigkeit etwas erträglicher. Bald zieht auch die junge Österreicherin, mit der sich Esteban in Carrión so angeregt unterhalten hat, an mir vorbei. Freundlich grüßend erkundigt sie sich nach meinem Befinden. Ich antworte etwas resigniert: „Du siehst es ja selbst, ich komme kaum mehr vorwärts", ergänze aber im gleichen Atemzug, dass wir uns heute abend sicher sehen und ich mich durchkämpfen werde. Hinzu füge ich so einen klugen Satz, dass ich am Ende des Camino sagen möchte „I did it my way". Sofort spüre ich, dies muss auch ihr Motto sein. Wir wünschen uns noch „Buen Camino", und weg ist auch sie.

Wieder allein kreisen meine Gedanken wehmütig um meine Familie. Sehnsüchtig denke ich an gemeinsame Stunden und hoffe inständig, dass zu Hause alles gut geht. Ich habe es ja nicht anders gewollt, meine Grenzen ausloten und vielleicht auch ein bisschen überschreiten auf meinem Weg durch Spanien.

Nach einiger Zeit innerer Leere bemerke ich von fern, dass sich mir ein weiterer Pilger nähert. Doch diesmal viel langsamer als die drei zuvor. Vielleicht ist auch er schon an seine Grenzen gegangen. Natürlich nicht so weit wie ich, denn er kommt ja immer näher. Als er nur wenige Meter hinter mir ist und ich mich umdrehe, blicke ich in sein angestrengt wirkendes Gesicht. Da er mir aus den Vortagen bekannt ist und wir uns schon einmal unterhalten haben, weiß ich, dass auch er aus Österreich kommt. Sogar meine Erlebnisse mit Pumuckl habe ich beiläufig erwähnt.

So wundere ich mich nicht, als er mich fragt: „Wo hast'n heut dein Pumuckl glassen?", und weiter: „Na, du laufst aber a scho ziemlich schlecht."

Etwas selbstironisch antworte ich ihm: „Segt ma des vielleicht?"

„Ja, und wia!" entgegnet er.

„Du, ich hob a neues Zauberwort auf dem Camino!" mache ich ihn neugierig.

„Und des war?" will er sofort wissen.

Ich zögere ein wenig, und verrate es dann: „Entschleunigung!"

„Des is guad", ist seine spontane Antwort, und er nickt mit seinem Kopf. Kurz danach zieht er an mir vorbei.

Dass dieser ältere Österreicher mein zweiter „Lebensretter" nach Pumuckl wird, darf ich in wenigen Minuten dankbar erfahren. Wie aus dem Nichts taucht die erste Rastgelegenheit seit Carrión de los Condes in Form von zwei Steinbänken samt dazugehörigem Tisch am Wegesrand auf.

Mein Landesnachbar hat hier Platz genommen und seine Brotzeit ausgepackt. Kurz entschlossen geselle ich mich zu ihm.

„Na, wo kommst du denn her?" greift er das Gespräch von neuem auf und bietet mir ein Stück seiner riesengroßen, roten Paprika an. Ich habe längst nichts mehr zu trinken und genieße diese wässrige Frucht in vollen Zügen. Sie schmeckt einfach phantastisch. Als ich dann feststelle, dass er noch einen halben Liter Wasser mit sich trägt, kann ich nicht widerstehen und frage ihn, ob er einen Schluck übrig habe.

„Geh, dua dei Flaschn her, i füll dir wos nei", gibt er mir ohne zu zögern zur Antwort.

Das hätte ich nicht erwartet. Er füllt fast ein Drittel in meine leere Flasche und meint lediglich: „Mehr kriagst aber ned!"

Als ich mich überschwenglich bedanke, muss ich an Irene denken, die mich wenige Tage zuvor ebenfalls von meinen Durstqualen befreit hat.

„Woarst was", eröffne ich ihm, „du kriagst jetzt von mir an neuen Namen."

„Wos!" meint er verwundert.

„Ja, du bist jetzt da Meister Eder", und schaue ihn dabei belustigt an.

„Wos, da Meister Eder bin i!" reagiert er noch immer stutzig.

„Na freilich. Da Pumuckl hat mich schon einmal vorm Verdursten gerettet, und jetzt du. Also bist du der Meister Eder."

„Na sauber", akzeptiert er seinen neuen Namen und bietet mir ein Stück Käse an, das ich jedoch dankend ablehne, als ich mich wieder auf den Weg mache. Zum Abschied äußere ich nur: „Du holst mich eh gleich wieder ein."

Zehn Minuten später ist auch dieser Überholvorgang abgeschlossen. Die Sonne senkt sich immer tiefer, und ich laufe ihr direkt entgegen. Schritt für Schritt kämpfe ich mich vorwärts, und es kommt mir vor, als trete ich doch auf der Stelle. Geschätzte fünf Kilometer noch. Unvorstellbar! Ich muss plötzlich an den zweitägigen Durchhaltemarsch zu meiner Bundeswehrzeit denken – eine geradezu lächerliche Herausforderung gegen die heutige Etappe mit meinem lädierten Bein.

Einsam und verlassen fühle ich mich auf der schnurgeraden Piste. Die Sicht nach vorne und nach hinten schätze ich auf knapp zwei Kilometer. Niemand ist zu sehen. Und wieder kehrt diese unheimliche Ruhe in meinen Körper, die die Erfahrung des Auf-sich-reduziert-Seins bestärkt. Der bevorstehende Sonnenuntergang, die weißen Wölkchen am Himmel, die Blumen am Wegesrand, die Monotonie der Landschaft und diese unbeschreibliche Stille. Plötzlich denke ich: So schön müsste Sterben sein. Diese schier endlose Weite, dieser grenzenlose Raum beeindruckt mich. Ich bin allein auf dem Weg der Entschleunigung.

Wie eine Fata Morgana erscheint in der Ferne das erste Gebäude von Calzadilla de la Cueza, der Ort, dem ich seit knapp sechs Stunden entgegenhumple. Unverzüglich steuere ich den am Ortseingang befindlichen Dorfbrunnen an. Ganz bewusst versuche ich, nicht zu viel auf einmal von dem köstlichen Nass in mich hineinzuschütten. Nach drei Schlücken setze ich bereits zum ersten Mal ab. Dann nochmals drei Schlücke. Dann fülle ich meine Flasche. Meine heutige Herberge liegt nur in wenigen Metern Entfernung; ich habe jetzt nur einen Wunsch – mich bei „Meister Eder" zu bedanken.

Nachdem ich mich in der Herberge eingeschrieben habe, erkundige ich mich beim Hospitaliero sogleich nach dem österreichischen Pilger. Nach einem Blick ins Gästebuch erinnert er sich, dass dieser vor geraumer Zeit in die örtliche Bar aufgebrochen ist. Jetzt kenne ich auch den richtigen Namen von meinem Meister Eder – Peter.

Zunächst verschiebe ich meine Danksagung, entledige mich meiner Wanderstiefel und humple in die Gartenanlage der Herberge. Am Rande eines Swimmingpools sitzt Esteban mit der jungen Österreicherin Beatrix, ganz ent-

Der lange Weg nach Calzadilla de la Cueza

spannt lassen sie ihre Beine im Wasser baumeln. Als sie mich erblicken, winken sie mir freudestrahlend zu. In Zeitlupentempo bewege ich mich dem Pool entgegen, begrüße beide händereichend, setze mich zu ihnen nieder und stecke meine geschundenen Füße ebenfalls ins kühle Nass. Erst jetzt erkenne ich, was mit meinem rechten Unterschenkel passiert ist. An der Vorderseite haben sich zwei hökkerartige Erhebungen gebildet wie bei einem Kamelrücken. Meine Achillessehne ist blau verfärbt, und nachdem ich die Blasenpflaster an den kleinen Zehen entfernt habe, kann ich diese Füße im ersten Moment nicht als meine eigenen identifizieren.

So sitzen wir zu dritt am Rande des Pools, erzählen unsere Geschichten vom Camino und erholen uns von der Etappe. Ich berichte Beatrix von Pumuckl und von Schiddi, die durch Villa Bacho und Villa Riba laufen wollte, von den gesalzenen Bananen, von Meister Eder und von vielen anderen Erlebnissen und Zufällen. Beatrix amüsiert sich über meine launigen Erzählungen und meint ganz einfach: „Du musst ein Buch darüber schreiben!" Ich bin jedoch nur froh, dass meine Füße gerade im kühlen Nass baumeln und die lange „Durststrecke" beendet ist. An irgendwelchen Aufzeichnungen, geschweige denn an das Schreiben eines Buches verschwende ich zu diesem Zeitpunkt gewiss keinen Gedanken. Während der weiteren Unterhaltung lerne ich Beatrix als sehr gesellige Person kennen. Vor allem ihre Natürlichkeit und ihre Aufgeschlossenheit stechen hervor. Ich kann Esteban durchaus verstehen, dass ihn diese junge Österreicherin in seinen Bann zieht.

Nachdem ich geduscht habe, finde ich für kurze Zeit Rast auf meinem Etagenbett, als plötzlich ein Spanier in den Schlafraum kommt, der sich als medizinischer Gesundheitsdienst vorstellt und in die Runde fragt, ob jemand seine Dienste in Anspruch nehmen möchte. Als ich mich melde, kommt er sofort auf mich zu. Ich zeige ihm meinen lädierten Unterschenkel, dann meine Blasen an den Zehen. Die Blase am linken Fuß behandelt er, indem er mit einer Nadel einen Faden hindurch zieht, den er dann mit einem Pflaster fixiert. Der Faden soll die Flüssigkeit aus der Blase ableiten, damit sie schneller verheilen kann. Zur Blase am rechten kleinen Zeh meint er etwas beunruhigt: „Be careful – go to the Centro de Salud in Sahagún." In der nächsten größeren Stadt, also in Sahagún, soll ich das Gesundheitszentrum aufsuchen, da er sich die Behandlung der Zehe nicht zutraut. Vor zwei Tagen hatte ich nämlich in einem Selbstversuch die ganze Blase weggeschnitten. Seit Los Arcos, also seit meinem zweiten Pilgertag, wandere ich mit den riesigen Blasen an den kleinen Zehen. Da schon seit über einer Woche kein Heilungseffekt eintrat, kam mir die Idee, eine der beiden Blasen ganz wegzuschneiden und abzuwarten, was sich als die bessere Alternative herausstellen würde. Das Resultat habe ich jetzt vor Augen. Bis in die dritte oder vierte Hautschicht hinein hat sich mein kleiner Zeh entzündet. Eine professionelle Verarztung ist unumgänglich und dringend nötig. Mein entscheidender Fehler bei der Selbstbehandlung war, dass ich auf die aufgestochenen Blasen täglich ein spezielles Blasenpflaster klebte, wodurch kein Heilungsprozess eintreten konnte. Luftdurchlässige Pflaster bzw. Binden wären die richtigen Lösungen gewesen.

Nach der Begutachtung meines Unterschenkels rät mir der medizinische Helfer dringend zu einer Ruhepause. Ich bedanke mich für seine guten Ratschläge und freue mich trotz der wenig ermutigenden Aussichten auf das gemeinsame Abendessen mit Beatrix und Esteban. Bei Bohnensuppe, Bacalhau und spanischem Rotwein komme ich wieder zu Kräften und bin froh, dass ich nach der heutigen Tortur wieder lachen und mich wohlfühlen kann.

Mein erstes Unterschenkelkondom

Optimismus:

Calzadilla de la Cueza bis Sahagún

Nach einer wenig erholsamen Nacht, die sowohl von meinem Körper als auch von meinem Geist anstatt zum Schlafen mehr zur Verarbeitung der gestrigen physischen und psychischen Anstrengungen benötigt wurde, fühle ich mich am Morgen nur erschöpft. Auf dem Weg zum Waschraum empfinde ich meinen Körper eher als Fremdobjekt, nicht als Begleiter, der mir schon über vierzig Jahre vertraut ist. Vor allem meine unteren Gliedmaßen scheinen für einen weiteren Pilgertag nicht in angemessenem Zustand zu sein. Die starken Schmerzen am rechten Unterschenkel, die sich bei jedem Auftritt in den Vordergrund drängen, passen so gar nicht zum Erscheinungsbild eines strammen Wanderers. Mich beschleicht das unliebsame Gefühl, womöglich zum ersten Mal nicht auf die Piste zu können. Vernunftgemäß wäre dies die richtige Entscheidung.

Da es aber in diesem weltverlorenen Dorf keine Busanbindung gibt, müsste ich mich mit einem Taxi nach Sahagún ins nächste Gesundheitszentrum fahren lassen und würde höchstwahrscheinlich von den dortigen Ärzten eine entsprechende Ruhepause verordnet bekommen. Doch zum einen wäre die Taxifahrt eine relativ kostspielige

Angelegenheit, und zum anderen entspricht diese Beförderung überhaupt nicht meinen Vorstellungen vom Jakobsweg. Hin- und hergerissen zwischen Vernunft und Kampfeswillen, will ich mir für die Entscheidung noch etwas Zeit lassen, vielleicht braucht mein Motor heute morgen nur ein wenig länger, um anzuspringen. So lasse ich mich erst einmal durch das geschäftige Treiben der anderen Pilger ablenken.

Rund um meinen Schlafplatz hat die Reisegruppe der acht Österreicherinnen genächtigt, die ich schon in Frómista getroffen habe und die von einem geräumigen Begleitfahrzeug eskortiert wird, das mir wiederholt aufgefallen ist. So habe ich plötzlich die Idee, den Fahrer zu bitten, mich nach Sahagún mitzunehmen. Doch die Frauen informieren mich, dass der Busfahrer sie lediglich auf ihrem Weg begleitet. Er steht in ständigem Funkkontakt mit den Pilgerinnen, um sie dann abends wieder zusammenzuführen. Will eine der Pilgerinnen beispielsweise eine größere Distanz zurücklegen als die anderen, so hat sie den Fahrer genau über ihre Aktivitäten und ihren Standort zu unterrichten. Der Fahrer ist eine Art Schaltzentrale und darf nur im Notfall unterstützend eingreifen. Nur gegen Vorlage eines schriftlichen Attestes von einem offiziellen Gesundheitszentrum, aus dem hervorgeht, dass eine Pilgerin aufgrund eines körperlichen Problems nicht in der Lage ist, ihren Fußmarsch fortzusetzen, ist ein Transport erlaubt. Aber Fragen kostet ja bekanntlich nichts. Und ich will nichts unversucht lassen.

So humple ich zu dem vor der Herberge abgestellten Bus. Der Motor ist bereits angelassen, ich blicke durch die große Seitenscheibe ins Innere und sehe den ruhenden Fahrer. Nach kurzem Zögern klopfe ich vorsichtig an die Scheibe, worauf er sich erhebt und mir die Seitentür öffnet. Ich erkläre ihm meine Situation. Ruhig und ganz ausführlich gibt er mir dann zu verstehen, dass es ihm nicht gestattet ist, fremde Personen zu befördern. Obwohl ich einen sympathischen Eindruck auf ihn mache und er meine Notlage einzuschätzen wisse, müsse er mich bedauerlicherweise abweisen. Das Risiko, mit den örtlichen Beförderungsunternehmen Schwierigkeiten zu bekommen, sei zu groß. Falls sich herausstellen würde, dass er mit seinem Kleinbus Pilger transportiere, hätte er sofort mit einer Anzeige und einer saftigen Geldbuße zu rechnen. Das sehe ich selbstverständlich ein und kehre enttäuscht wieder zurück zur Herberge.

Nach diesem Fehlschlag mache ich mich mit meinen beiden Freunden auf in die örtliche Bar, um zu frühstücken. Und genau dort steht ein geparktes Taxi – wie ein Geschenk des Himmels. Das ist die Gelegenheit für mich, denn das Taxi ist frei, und für zwanzig Euro könnte ich in einer halben Stunde in Sahagún sein. So entscheide ich mich spontan, allerdings gegen meine kämpferische Einstellung, für dieses alternative Transportmittel. Allerdings will ich auf das gemeinsame Frühstück nicht verzichten und bitte den Fahrer um eine kurze Wartezeit.

Beatrix, die bereits vor drei Wochen in Saint-Jean-Pied-de-Port auf ihren Camino gestartet ist, berichtet, dass sie bei ihrer Pyrenäenüberquerung mit ähnlichen Problemen zu kämpfen hatte. Sie hätte ebenfalls starke Schmerzen gehabt und sich durchgebissen. Als Ergotherapeutin wisse sie, dass es bei so einer Überbeanspruchung zwar am vernünftigsten sei, eine Ruhepause einzulegen, gleichzeitig versichert sie mir, dass ich mit keinen Folgeschäden zu rechnen habe und die Schmerzen nach ein paar Tagen wieder abklingen.

Ich lasse mir ihre Worte kurz durch den Kopf gehen, dann ist meine Entscheidung endgültig getroffen. Was Beatrix schafft, schaffe ich auch! Als der Taxifahrer kurz darauf in unseren Frühstücksraum blickt, schlage ich spontan die Mitfahrgelegenheit aus: „Sorry, I don't take your taxi." Er nickt nur kurz und geht zurück an den Tresen. Plötzlich fallen mir meine „Dopingpillen" wieder ein, von denen ich noch zwei habe. In der Hoffnung, doch einen gemeinsamen Wandertag mit Beatrix und Esteban verbringen zu können, schlucke ich sogleich eine. Vielleicht gelingt es mir, mit ihnen Schritt zu halten. Für die geplanten 23 Kilometer haben wir ja den ganzen Tag Zeit, und es müssen schließlich keine neuen Rekorde aufgestellt werden. Auch bin ich mir ganz sicher, dass sich die beiden meinem Lauftempo anpassen werden. Dennoch entschließe ich mich, erst einmal allein meinen Weg anzugehen, um mir etwas Zeit zum Einlaufen zu geben. Spätestens nach einer Viertelstunde werden sie ohnehin zu mir auflaufen. So lasse ich die beiden in der Bar sitzen und verabschiede mich kurzzeitig von ihnen.

Ganz vorsichtig und bedächtig, nahezu auf jeden Schritt konzentriert, um meine Sehnen zu schonen, marschiere ich los. Noch habe ich starke Schmerzen und bedauere ein wenig die Absage an den Taxifahrer, aber Pilgern soll einem schließlich auch etwas abverlangen. Nach wenigen Minuten drehe ich mich erstmals um, kann meine beiden Begleiter aber nicht entdecken.

Überrascht hat mich dann erneut die schnelle Wirkung der Tablette. Innerhalb kürzester Zeit sind die Schmerzen auf ein Minimum reduziert. Ich fühle mich nach dem gestrigen Gewaltmarsch wie neugeboren. Unbewusst erhöhe ich meine Schrittfrequenz und empfinde wieder Lust am Wandern. Immer wieder blicke ich zurück, um nach meinen beiden jüngeren Pilgerfreunden Ausschau zu halten – aber niemand in Sicht. Meine neu erwachte Euphorie muss und darf ich erst einmal allein auskosten – und dies mache ich auch. Mir ist regelrecht nach Luftsprüngen zumute, und ich würde am liebsten bei einem Crosslauf mitmachen.

Erste Bedenken steigen in mir auf, als nach zirka fünf Kilometern von Beatrix und Esteban weiterhin nichts zu sehen ist. Vielleicht habe ich das zurückliegende Teilstück tatsächlich zu schnell bewältigt, so dass sie mich gar nicht einholen können. Ich passiere gerade die erste kleine Ortschaft, in der es natürlich auch eine Bar gibt. Hier will ich auf die beiden warten. Da mich aber die Bedienung nach mehreren Minuten immer noch geflissentlich übersieht, entscheide ich kurzerhand, die ungastliche Stätte zu verlassen.

Plötzlich denke ich an meinen bevorstehenden Besuch im Gesundheitszentrum, dessen Öffnungszeiten ich nicht kenne. So nehme ich anstatt meines geliebten Gebäcks mein nicht ganz so geliebtes Gepäck und setze meinen Weg in Richtung Sahagún fort. Eine halbe Stunde später werde ich ganz allmählich durch die nachlassende Wirkung meiner Schmerztablette wieder gebremst. Aus einem leichten Ziehen am Unterschenkel wird ein deutlicheres und schließlich ein immer stärkeres. Zu Luftsprüngen bin ich absolut nicht mehr in der Lage. Und irgendwann beginnt das Spiel mit den Klackgeräuschen, die sich hinter mir nähern, lauter werden, um dann vor mir wieder zu verklingen.

Meine Gangart kann inzwischen wieder als Humpeln bezeichnet werden. Bloß gut, dass das nächste Dorf in Sicht kommt. 18 von 23 Kilometern sind geschafft, registriere ich mit Genugtuung, und bin stolz, das Taxi am Morgen verschmäht zu haben. Die letzten Kilometer werden auch zu packen sein. Ich suche mir einen schönen Platz auf einer kleinen Grünfläche vor der Bar und freue mich über die verdiente Rast. Dann nehme ich das letzte Teilstück in Angriff. Gleich nach Verlassen der Bar läuft eine junge Kanadierin zu mir auf, die ich augenblicklich in ein kurzes Gespräch verwickle. Sie verringert ihr Tempo auf meine Geschwindigkeit, und da sie auch nicht schneller wird, habe ich für die verbleibenden Kilometer eine Laufpartnerin zur Seite. Die lockere Konversation beeinflusst mein Schmerzniveau merklich positiv, und wir wandern gemeinsam bis Sahagún.

Gleich am Orteingang entdecke ich den abgestellten Minibus der Österreicherinnen und treffe auf Meister Eder, meinen gestrigen „Lebensretter", der sich mit dem Busfahrer angeregt unterhält. Dieser meint anerkennend zu mir: „Na, jetzt hast es doch geschafft!"

Von der unterhaltsamen Kanadierin verabschiede ich mich, denn sie will noch weiterlaufen. Zusammen mit Peter, der ebenfalls in Sahagún bleiben will, begebe ich mich auf Quartiersuche. Gleich die erste Herberge sagt uns zu, und wir legen uns für eine kurze Rast in die Kojen. Koje ist der richtige Ausdruck für unsere heutige Schlafgelegenheit. Eine Art Holzbox, die auf einer Seite offen ist, mit einer eingelegten Matratze bildet unser Nachtlager. Jetzt muss die Herberge nur noch schaukeln, und man fühlt sich wie auf einem Hochseekutter.

Peter, der ebenso wie gestern einen etwas erschöpften Eindruck macht, schläft sofort ein. Ich schlüpfe in meine Badelatschen und begebe mich auf den Weg zum „Centro de Salud." Begleitet werde ich vom Busfahrer, der mir beim Verlassen der Herberge direkt über den Weg läuft. Da er sowieso nichts Besseres vorhat und zuvor bereits am Gesundheitszentrum vorbeigefahren ist, leistet er mir gerne Gesellschaft. Zum Glück erreiche ich es gerade rechtzeitig vor Schließung. Ich muss mich kurz im Wartezimmer gedulden und komme mit einem spanischen Pilger ins Gespräch, dem ich bereits mehrmals auf dem Camino begegnet bin. Wir begrüßen uns freundlich und hätten uns für eine Unterhaltung einen angenehmeren Platz als das Wartezimmer eines Gesundheitszentrums gewünscht. Sogleich erkundige ich mich nach seinen Beschwerden. Doch bevor er zu erzählen beginnt, muss er über sein Missgeschick erst mal lachen. Eine Katze hat ihn in den Fuß gebissen. Das muss ich natürlich genauer erfahren und kann ein Schmunzeln nicht verbergen. Im Garten einer Bar hatte er kurz seine Schuhe ausgezogen, als eine Katze auf seinen Tisch zugelaufen kam, um seine Füße geschlürft ist und ihn dann blitzartig in den Fuß biss. Jetzt kann ich mein Lachen nicht mehr zurückhalten.

Einen Augenblick denke ich, egal wohin man auf dem Camino geht, und sei es in ein Gesundheitszentrum, man wird immer wieder von Kuriositäten überrascht. Als dann die Ärztin erscheint und sich nach unseren Problemen erkundigt, bringt auch sie die Katzengeschichte spontan zum Lachen.

Zunächst erfolgt meine Behandlung. Nach Begutachtung meiner Blasen an den beiden kleinen Zehen, werden diese fachmännisch desinfiziert und verbunden. Mein Eigenversuch, an einer Zehe die ganze Blase wegzuschneiden, wird mit einem grimmigen Blick und einem Schimpfefinger quittiert: „Don't do this", ist der etwas schroffe Kommentar. Nun kommt mein Problem am rechten Schienbein zur Sprache. Die Ärztin betastet kurz die höckerartigen, rötlichen Erhebungen und meint ganz lapidar: „Un dia, don't walk!"

Ich soll einen Tag nicht wandern! Ich nicke ihr zu: „Okay." In Wirklichkeit denke ich jedoch an die Lieblingssprüche von Franz Beckenbauer und Esteban. „Schau ma mal" und „Maybe".

„Un dia, don't walk!" wiederholt sie energisch. Anscheinend hat mein „Okay" nicht überzeugend genug geklungen. Dann bekomme ich von ihr reichlich Verbandsmaterial für meine Blasen, des weiteren sechs Schmerztabletten, die ich über die nächsten zwei Tage verteilt einnehmen soll, und einen Zettel, auf dem „Betadine" vermerkt ist. Dieses Desinfektionsmittel zur Behandlung meiner Blasen soll ich mir in einer Apotheke besorgen, „pequenina", also in einer kleinen Menge. Beim Verlassen des Behandlungsraumes wiederholt sie dann zum dritten Mal: „Un dia, don't walk!"

Froh über die erfolgte Behandlung mache mich auf den Rückweg zur Herberge, dabei komme ich an einem Café vorbei und entscheide spontan, mich mit einem Milchkaffee zu belohnen. Beim Betreten blicke ich in die überraschten Gesichter meiner Pilgerfreunde Beatrix und Esteban. Unsere Wiedersehensfreude ist verständlicherweise groß. Sie gratulieren mir, dass ich den Weg hierher geschafft habe, und sind erstaunt, dass ich vor ihnen angekommen bin. Ich berichte von meinem Besuch im Gesundheitszentrum und dem kleinen Zwischenfall des Spaniers mit der Katze. Höchst amüsiert über die Geschichte meint Beatrix ein weiteres Mal: „Du musst ein Buch schreiben", worauf ich nicht weiter eingehe. Erst jetzt erkundigen sie sich nach meinem Gesundheitszustand. Ich informiere sie über das verordnete Wanderverbot, das ich zu diesem Zeitpunkt noch sehr gelassen nehme und die Entscheidung darüber auf morgen früh verschiebe.

Den Rest des Tages wollen wir auf jeden Fall zusammen verbringen. Als sich herausstellt, dass wir in derselben Herberge nächtigen, planen wir, abends miteinander zu kochen. Im kleinen Supermarkt versorgen wir uns mit den nötigen

Glückliche Stunden mit Esteban, Beatrix und „Meister Eder"

Zutaten. Da in der Herberge nur eine Kochplatte zur Verfügung steht und diese momentan von einem Pilger besetzt ist, der sich gerade ein Dutzend Eier kocht, müssen wir uns mit der Zubereitung noch etwas gedulden. Meinen Meister Eder, der gerade in ein Restaurant aufbrechen will, lade ich herzlich ein, doch mit uns zu speisen. Nach kurzem Zögern willigt er ein.

Gemeinsam machen wir uns ans Werk, die Stelle am Herd lässt sich Esteban nicht nehmen. Als gelernter Koch hat er den Ehrgeiz, uns trotz der bescheidenen Möglichkeiten kulinarisch zu verwöhnen. Beatrix und ich decken liebevoll den Tisch, stellen eine Schüssel mit Oliven und Paprikastreifen bereit, dazu einen Teller mit Käse- und Salamihäppchen und ein Körbchen aufgeschnittenes Baguette. In die Mitte kommt die riesige Salatschüssel, und die Gläser werden mit Landwein gefüllt. Alles sieht sehr einladend aus. Meister Eder steht schließlich mit großen Augen da und bewundert unser Zauberwerk. Jetzt ist auch Esteban mit seiner Spaghettikreation fertig, und das Festmahl kann beginnen.

Nach der leckeren Mahlzeit bekomme ich von einer bayerischen Landsmännin, die von meiner Sehnenscheidenentzündung gehört hat, einen ganz extravaganten Tipp. Ich solle meinen Unterschenkel ganz dick mit Schmerzsalbe einreiben und ihn dann mit Zellophanfolie umwickeln. Sie hätte eine ganze Rolle bei sich und würde mir gerne einige Meter davon abgeben. Ihren Rat beherzigend trage ich nach wenigen Minuten mein erstes Unterschenkelkondom. Später sehe ich sie dann selbst mit zwei solchen Teilen herumlaufen. Sieht irgendwie pervers aus, aber man lässt ja nichts unversucht.

Den bevorstehenden Abschied vor Augen sitze ich mit Beatrix und Esteban noch lange zusammen, wir tauschen unsere Adressen aus und hoffen auf weitere Kontakte auch nach unserem Camino.

In meiner Koje brauche ich sehr lange zum Einschlafen und verspüre trotz meines selbstgewickelten Kondoms ständig ein heftiges Pochen und schmerzhaftes Ziehen an meinem Unterschenkel. Das lässt nichts Gutes ahnen!

Unterhosen wechseln nicht vergessen!

Genügsamkeit: Sahagún

Während der ganzen Nacht habe ich mich anscheinend von einer Seite auf die andere gewälzt, denn genauso durchgedreht fühle ich mich. Bei meinen ersten Schritten schießt mir nicht nur der Schmerz in meinem Unterschenkel, sondern auch die strikte Anweisung der Ärztin aus dem Gesundheitszentrum in den Sinn. „Un dia, don't walk." Mindestens dreimal hat sie mir diesen Spruch einzubleuen versucht. Gestern nachmittag nahm ich ihn noch auf die leichte Schulter, doch heute morgen scheint er sich in mir festgebissen zu haben. Mir ist sofort klar, dass ich nicht auf die Piste kann. Jetzt ist der Tag gekommen, den ich immer so gefürchtet habe.

Regenerationstag – was für ein schreckliches Wort für mich auf dem Camino! Aber heute bleibt mir keine andere Wahl. Nur im Kriechgang schleppe ich mich vorwärts. Mir wird ganz mulmig, wenn ich an morgen denke, denn wie sich meine Blessuren innerhalb eines Tages verflüchtigen sollen, kann ich mir beim besten Willen nicht vorstellen.

So humple ich zunächst zu den Nachtlagern von Beatrix und Esteban. Beide liegen noch in ihren Schlafsäcken, nur getrennt durch einen schmalen Gang. Ich rüttle die zwei Langschläfer wach und sage nur: „I cannot walk this day, it's impossible." – „Ich kann heute nicht wandern, es ist unmöglich." Beide blicken mich ganz verschlafen an, richten sich etwas auf und lassen sich nochmals auf ihre Betten zurückfallen. Ich setze mich an den Bettrand von Beatrix und nehme von beiden innerlich Abschied. Besonders schmerzlich ist die Trennung von Esteban. Denn in León ist für ihn der Camino bereits zu Ende. Er hat sich die Wegstrecke von den Pyrenäen bis nach Santiago in drei Abschnitte unterteilt. Bereits in den Vorjahren bestritt er das erste und das letzte Drittel. Nun hat er den fehlenden Mittelteil von Logroño bis León schon fast beendet und wird in zwei Tagen die Großstadt erreichen. Meine einzige Hoffnung, ihn wiedersehen zu können, ist, am morgigen Tag den Zug nach León zu nehmen. Diese Alternative habe ich bereits gestern abend in Erwägung gezogen, falls sich an meinem Unterschenkel keine deutliche Besserung einstellen sollte.

Zu gern wäre ich weiterhin mit diesem freundlichen und lebensfrohen, gleichzeitig etwas planlos durchs Leben laufenden jungen Spanier auf dem Camino unterwegs gewesen. Aber das Schicksal hat anscheinend anderes vor. Es trennt mich schneller als gewünscht von meinem treuen Freund. Ich bin mir ganz sicher, dass er mir immer in bester Erinnerung bleiben wird.

Langsam erheben sich die beiden aus ihren Kojen und beginnen, sich für den heutigen Tag vorzubereiten. Wir wollen auf jeden Fall im nahegelegenen Café noch miteinander frühstücken. Nach zehn Minuten, in denen ich Gelegenheit finde, mich von meinem Meister Eder gebührend zu verabschieden, verlassen wir gemeinsam die Herberge. Allerdings muss ich mein Gepäck dort zurücklassen. Ohne den Stock von Esteban hätte ich die knapp hundert Meter zum Café nicht geschafft. Dieselbe Bedienung wie am Vortag serviert uns den Milchkaffee, sie hatte gestern schon mitbekommen, dass ich zur Behandlung im Gesundheitszentrum war und erkundigt sich sogleich mitfühlend nach meinem Befinden.

Der darauffolgende Abschied von Beatrix und Esteban fällt mir nicht ganz leicht, doch die Hoffnung auf ein mögliches Treffen in León tröstet mich ein wenig. Denn inzwischen habe ich mich entschieden, morgen den Zug zu nehmen, da ich nicht erwarte, schon wieder laufen zu können. Beatrix und Esteban planen, die 57 Kilometer in zwei Tagen zu bewältigen.

Nun hocke ich alleine im Café und habe völlig ungewohnt einen ganzen Tag Zeit für mich. Erstaunlicherweise macht es mir plötzlich nichts aus, dass ich heute nicht unterwegs sein kann. Vielmehr akzeptiere ich es gelassen. Ich bin auf meinem Weg der Entschleunigung angekommen.

Beatrix hat mich beim Abschied nochmals aufgefordert, meine Erlebnisse vom Camino aufzuschreiben. Und mit einem Mal fühle ich mich dazu bereit, ich will es zumindest versuchen. Dieses Gefühl der Ruhe, das nun in meinen Körper und in meinen Geist eingezogen ist, empfinde ich als Geschenk und als Ausgleich für die Strapazen der zurückliegenden Tage. Und diese innere Gelassenheit soll mir Kraft geben, die Ereignisse von meinem Camino nochmals abzurufen. Ich möchte schreiben.

Fest entschlossen kehre ich zur Herberge zurück und krame nach meinen Schreibutensilien. Der Schlafsaal ist jetzt menschenleer und wirkt fast gespenstisch. Plötzlich vernehme ich Geräusche aus einem Seitengang, den ich nicht einsehen kann. Sofort schaue ich nach und stelle fest, doch nicht allein zu sein. Ich entdecke ein älteres – wie sich herausstellt – kanadisches Ehepaar. Die Frau hat ähnliche Probleme wie ich, und deshalb legen sie ebenfalls einen Ruhetag ein.

Nach einem kurzen Austausch genehmige ich mir ein ausgiebiges Duschbad und eine längst fällige Rasur, um mich dann frisch und sauber ans Schreiben zu machen. Das nahe und gemütliche Café halte ich bestens dafür geeignet. Ich bestelle meinen zweiten Milchkaffee, und die nette Bedienung legt mir diesmal einen leckeren Keks dazu. Es sollte im übrigen nicht der einzige für diesen Tag bleiben. Auf der Terrasse suche ich mir ein beschauliches Plätzchen und beginne, mich zu konzentrieren. Meinen bisher einzigen Eintrag in dem kleinen Schreibblock machte ich vor neun Tagen in Viana. Damals fand ich vor einem kleinen Café Zeit für ein paar spärliche Aufzeichnungen. Allerdings fehlte mir in den darauffolgenden Tagen die Muse fortzufahren. Erst der heutige Ruhetag und vor allem die mehrfachen Ermutigungen von Beatrix haben mich motiviert. Als ich meinen Block aufschlage, muss ich kurz schmunzeln über den Eintrag meines Sohnes auf der ersten Seite: „Unterhosen wechseln nicht vergessen!" Ein Kommentar ist hier überflüssig.

Vollkommen entspannt beginne ich zu schreiben. Irgendwie sehe ich nun meinen Übermut, meine Übertreibung und die Überschreitung der körperlichen Grenzen während der letzten Tage und die daraus resultierenden Folgen in einem positiven Licht. Denn durch sie erfahre ich heute diese Ruhe und Gelassenheit. In diesem kleinen Café darf ich das bisher Geschehene nochmals durchleben, und zwar in einer Form, die teilweise viel intensiver ist als auf dem Weg. Ich bin erstaunt, wie präsent die Ereignisse in mir noch sind. Ich schreibe einfach drauf los. Ich schreibe und schreibe und schreibe. Tag für Tag spule ich den Film in Gedanken ab. Die einzigen Unterbrechungen sind die passierenden Pilger; viele Gesichter sind mir bekannt, mit vielen habe ich mich auf dem Weg schon kurz unterhalten, und einige wenige habe ich wahrscheinlich für immer in meinen Erinnerungen abgespeichert. Normalerweise hätte ich mich ihnen angeschlossen. Doch heute nicht, ich bin zufrieden mit mir und meiner Situation. Nach gut zwei Stunden verkrampfen meine Finger, und ich mache mich auf den Weg zum nahegelegenen Bahnhof, um mich nach einer Zugverbindung Richtung León zu erkundigen. Um 8.49 Uhr werde ich mich morgen früh in den Zug setzen, entscheide ich.

Da mein Magen sich jetzt hörbar meldet, gehe ich zur Herberge, um von meinem Proviant ein paar Happen zu verdrücken. Es ist gegen Mittag, und die Herberge ist bis auf das kanadische Paar immer noch wie ausgestorben. Der Mann sitzt im Essbereich und verzehrt gerade eine Kleinigkeit. Ich wünsche ihm guten Appetit und wechsle ein paar Worte mit seiner Frau, die sich weiter hinten im Schlafbereich aufhält.

Als ich mit ihr über ihren unfreiwilligen Ruhetag spreche, beginnt sie zu weinen und erzählt, dass sie sich als lästiges Anhängsel ihres Mannes fühlt. Vergeblich versuche ich, sie zu trösten, und denke, wie traurig es ist, wenn die beiden nach vielen Ehejahren in Selbstmitleid ertrinken. Anstatt den ganzen Tag in dieser düsteren Herberge zu verbringen, hätten sie nach León fahren, der Mann die Stadt besichtigen und seine Frau sich in einem der vielen, netten Cafés erholen können. Der Camino hält für jede Situation etwas bereit. Man muss nur danach greifen.

Nach einer kleinen Brotzeit schlendere ich wieder zu meinem Café, um weiterzuschreiben. Für die Aufzeichnung der Camino-Erlebnisse von nur zwei Tagen habe ich bereits den ganzen Vormittag benötigt. Ich suche mir wieder einen gemütlichen Platz auf der Terrasse, und wie am Vormittag bin ich überrascht, wie leicht ich die schon tagelang zurückliegenden Erlebnisse zu Papier bringe. Dabei stelle ich fest: Ich erlebte Alltägliches und Besonders, lernte mich und mein Leben besser kennen. Meinen Weg teilte ich mit Pilgern, die ihren Alltag zeitweilig verlassen, um sich und ihn zu beleben. Nach diesem Fazit weiß ich, mein Alltag wird ein anderer sein, wie jeder Tag meines Weges ein anderer war. Man muss nicht weit gehen, um sich zu begegnen. Man muss sich nur auf den Weg machen.

Heute ist wirklich ein herrlicher Frühlingstag mit angenehmen Temperaturen, die Wolken und das Himmelsblau teilen sich das Firmament, ein Tag wie geschaffen für philosophische Gedanken. Erst am späten Nachmittag schließe ich mit meinen Aufzeichnungen, bestelle ein kühles Bier und bin zufrieden mit mir und der Welt. Wundersam sind die Wege zur Glückseligkeit, und manchmal gleichen sie verschlungenen Pfaden.

Folgenreiche „Botschaft"

Spiritualität: Sahagún bis Virgen del Camino

Frohen Mutes verlasse ich am frühen Morgen meine Unterkunft der letzten zwei Tage und freue mich auf die Zugfahrt nach León. Endlich komme ich wieder einige Kilometer voran auf meinem Camino! Dabei fühle ich mich keineswegs als Etappenspringer, denn es erscheint mir ein Gebot der Vernunft, dieses Fortbewegungsmittel zu nutzen. Kurz gesagt, es geht auch gar nicht anders. Ich denke bereits an den nächsten Tag, wie es wohl um meine Sehnen bestellt sein wird. Aber erst einmal sitze ich entspannt im Zug und registriere, dass ich nicht der einzige Pilger bin, der dieses Verkehrsmittel gewählt hat. Erstaunlich viele bekannte und unbekannte Gesichter begegnen mir.

Aus meinem Reiseführer weiß ich, dass ich keine reizvolle Gegend versäume. Vor allem die Gewerbegebiete vor León sehen nicht sonderlich einladend aus. Am Bahnhof angekommen mache ich mich gleich in Richtung Kathedrale auf, deren Spitzen schon von weitem zu sehen sind. Auf dem großen Platz vor der Bischofskirche setze ich mich auf eine Bank und lasse dieses beeindruckende Bauwerk auf mich wirken. Ein ungewöhnlich freies Blickfeld ermöglicht die volle Würdigung dieses Meisterwerkes französisch-spanischer Gotik.

Nach ein paar Minuten des Innehaltens schlendere ich weiter in eine Seitengasse und gelange auf einen sehr belebten Markt, wo eine riesige Auswahl an Früchten, Gemüsesorten und auch Wurst- und Käsespezialitäten angeboten

Die „*Pulchra Leonina*"

wird. Jeder halbwegs ambitionierte Hobbykoch dürfte in Anbetracht dieser Fülle von Köstlichkeiten auf die Knie fallen und die Schöpfung preisen. Ich fühle mich wohl mitten in diesem pulsierenden Leben, das mir heute als willkommener Kontrast zum meist ruhigen und beschaulichen Wandern auf dem Camino erscheint. Die einstige Garnisonsstadt der Römer präsentiert sich mit mondänem Geschäftsleben und gepflegten Parkpromenaden.

Mich zieht es jedoch zurück zur Kathedrale, ich muss dieses imposante Bauwerk unbedingt von innen sehen. Über hundert zum Teil riesige Glasmosaikfenster verleihen dem Inneren eine einzigartige Stimmung. Ich habe noch keine Kirche besichtigt, die das reine Raumgefühl der Gotik so eindringlich vermittelt wie die „Pulchra Leonina", wie dieses Gotteshaus auch genannt wird. Langsam und andächtig schreite ich durch das Kirchenschiff und verharre an der Kreuzigungsszene. Unbemessene Zeit der Stille möchte man sich hier wünschen – und kräftige Sonnenstrahlen, die die gläserne, farbige Pracht voll entfalten.

Inzwischen ist es später Vormittag, und ich erinnere mich an Beatrix und Esteban, die vermutlich erst am frühen Nachmittag in León eintreffen werden. Gerade zu diesem Zeitpunkt setzt ein Regenschauer ein, und ich muss mich entscheiden, ob ich die verbleibenden Stunden in den Straßen und Cafés von León verbringen will, um beide eventuell nochmals zu treffen, oder ob ich die Stadt in Richtung der nächsten Herberge, etwa sieben Kilometer außerhalb verlassen soll. Angesichts des immer stärker werdenden Regens und der Möglichkeit, mich in der nächsten Herberge für den kommenden Tag etwas ausruhen zu können, beschließe ich schweren Herzens, León zu verlassen und bin mit dem Bus eine halbe Stunde später in der Herberge von Virgen del Camino. Eine meiner bedeutendsten Entscheidungen auf dem Jakobsweg!

Nachdem ich den obligatorischen Stempel in meinen Pilgerpass erhalten habe, begleitet mich die junge Hospitaliera zum Schlafraum, in dem es um diese Uhrzeit reichlich freie Betten gibt, nur wenige Pilger sind bislang eingetroffen. Unter ihnen fällt mir eine Frau auf, die auf ihrem Bett liegt und ihre Augen geschlossen hat. Auf unerklärliche Weise scheint eine besondere Kraft von ihr auszugehen. Wie angewurzelt stehe ich mitten im Raum, blicke auf diese schlummernde Pilgerin und überlege eine Ewigkeit, ob ich das freie Bett neben ihr oder eins der anderen belegen soll. Normalerweise ist die Wahl eines Bettes für die nächste Nacht keine schwierige Aktion, schließlich will man sich ja nicht häuslich einrichten, sondern lediglich sein müdes Haupt betten, aber heute ist das anders. Ich stehe da und kann mich nicht entscheiden. Letztendlich wähle ich doch das freie Lager gleich neben ihr. Ich stelle meinen Rucksack ab, setze mich auf mein Bett und beginne mit dem Auspacken. Es dauert nicht lange, bis sie sich erhebt und mich noch etwas verschlafen anschaut. Wir begrüßen uns kurz.

Als wenig später eine andere Pilgerin vorschlägt, ein gemeinsames Abendessen in der bestens ausgestatteten Küche zuzubereiten, bekunden meine Bettnachbarin und ich sogleich unser Interesse und erklären uns auch zum Einkauf bereit. Auf dem Weg zum Supermarkt finden wir endlich Gelegenheit, uns namentlich vorzustellen. Meine Begleitung heißt Sonja. Schon nach wenigen Metern muss ich sie bitten, wegen meines wieder stärker schmerzenden Schienbeins etwas langsamer zu gehen. Ohne zu ahnen, habe ich damit einen entscheidenden Punkt angesprochen, der für mich noch weitreichende Konsequenzen hat.

Sonja erklärt mir, dass sie meine Schmerzen behandeln könne, sofern ich das innerlich zulasse. Sie würde sich dazu einer speziellen Methode bedienen, die den Energiefluss in meinem Körper anrege. Dadurch können sich die Blockaden, die zu dieser Entzündung geführt haben, auflösen. Ich vermute dahinter keinen Hokuspokus. Ohnehin hätte ich in meiner Situation fast jede Art von Hilfe angenommen. Sonja verspricht mir eine Behandlung nach dem Essen.

Nachdem wir im Supermarkt die nötigen Zutaten für das Abendessen besorgt haben, beginnen wir sofort mit der Zubereitung. Schon bald steht ein riesiger Berg Nudeln, ein

Topf gefüllt mit leckerer Tomatensoße und eine Salatschüssel, von der eine Kuh satt werden könnte, auf dem Tisch. Da Katharina, die dritte unserer kleinen Essensgruppe, gerade nicht aufzufinden ist, beginnen Sonja und ich allein mit der Mahlzeit. Selbstverständlich lassen wir Katharina eine mehr als ausreichende Portion übrig.

Später ziehen wir uns in den leeren Schlafraum zur Behandlung meiner Sehnenprobleme zurück. Dazu plaziere ich mich bequem auf mein Bett und strecke Sonja meinen rechten Fuß entgegen. Sie beginnt sich zu konzentrieren, dann wölbt sie ihre Hände um meinen Unterschenkel, wobei sie mich nicht berührt. Ich hingegen lese ihr aus meinem Tagebuch vor, um ihr einerseits einen Vertrauensbeweis entgegenzubringen, andererseits will ich mich selbst von der Behandlung ablenken und mich von der möglichen Wirkung überraschen lassen. Ich wähle einen Auszug von meinem Marsch nach Calzadilla, wobei ich nochmals einen Teil des Weges intensiv durchlebe. Nach wenigen Minuten fragt Sonja, ob sie mich bei ihrer Behandlung auch berühren könne. Kaum habe ich zugestimmt, spüre ich eine meine Schmerzzone durchströmende angenehme Wärme.

Nach zirka zwanzig Minuten ist die Behandlung beendet. Erstaunlicherweise bedankt sich Sonja bei mir. Etwas irritiert frage ich sie, wieso sie sich bedanke, ich hätte für ihre Dienste zu danken. Aber sie meint nur: „Ist okay." Nach wenigen Sekunden einer unbeschreiblichen und zugleich angenehmen Stille sagt sie: „Hans, ich habe dir etwas mitzuteilen. Möchtest du es hören?" Innerlich zucke ich zusammen und bejahe es. „Wenn du wiederum einmal alleine auf dem Camino unterwegs bist, dann sprich mit deinem Vater."

Diese Worte sind so überraschend und ergreifend für mich, dass mir sogleich Tränen in die Augen schießen. Für mich ist es unvorstellbar, gleichsam übernatürlich, wie Sonja das sagen konnte. Mir ist nicht bewusst, dass ich während der wenigen Stunden, die ich mit ihr verbracht habe, in irgendeiner Form an meinen Vater gedacht habe. Wie kam sie bloß darauf? Ich liege regungslos auf meinem Bett und kann das

Geschehene nicht begreifen, es erscheint mir so irreal. Mir schießen immer mehr Tränen in die Augen, und ich bin in meiner Seele zutiefst berührt. Jetzt erst frage ich Sonja: „Woher kannst du das wissen?" Mit sanftem Lächeln und kurzem Achselzucken entgegnet sie nur kurz: „Das habe ich so empfangen. Ich erkläre es dir später." Sonja erhebt sich und lässt mich allein zurück. Ihre Mission ist beendet.

Minutenlang liege ich noch auf meinem Bett und kann keinen vernünftigen Gedanken fassen. Für derartige Ereignisse reicht meine Vorstellungskraft nicht aus. Je länger ich darüber nachdenke, desto mehr wird mir bewusst, keine Erklärung zu finden, und gehe erst einmal nach draußen, um mich bei einer Zigarette ein wenig abzulenken. Ich schnaufe mehrmals tief durch, aber die abendliche Kühle treibt mich rasch wieder in die Herberge zurück. Geradewegs gehe ich in den komfortablen Aufenthaltsraum, in dem sich gegenwärtig viele Pilger aufhalten. Die einen surfen im Internet, andere bereiten ihr Abendessen am Herd, wieder andere sitzen nur da, unterhalten sich fröhlich bei einer Brotzeit und dem einen oder anderen Glas Wein.

Mit ihrem blonden Lockenschopf fällt mir Sonja sogleich auf. Sie sitzt gemeinsam am Tisch mit Katharina, die gerade ihre Portion Spaghetti verspeist. Ich geselle mich zu ihnen. Jetzt erst, da ich mich ein bisschen gefasst habe, stelle ich ihr eine Frage, die mich schon die ganze Zeit beschäftigt hat. Ich bewege mich dabei etwas vor zu ihr, schaue ihr tief in die Augen und frage in deutlicher, aber nicht zu lauter Stimme: „Hast du gewusst, dass mein Vater vor eineinhalb Jahren verstorben ist?"

Ihre kurze Antwort lautet: „Nö!"

Mir ist sofort klar, dass dies zur Übermittlung der „Botschaft" nicht relevant war. Sie hat bei der vorangegangenen Behandlung auf irgendeine Weise diese Inspiration empfangen, die sie mir dann weitergegeben hat. Was ich mit dieser Botschaft anfangen werde, ob sie für mich von Bedeutung sei, und welche Schlüsse ich daraus ziehen würde, das sei jetzt ganz allein meine Entscheidung.

Als nächstes interessiert mich, ob sie immer während ihrer Behandlung Botschaften erhalte. Sie meint nur: „Nein, nicht immer, nur gelegentlich."

Jetzt will ich von Sonja wissen, wieso ihr gerade bei mir eine Botschaft mitgeteilt wurde. Daraufhin erläutert sie: „Vielleicht weil du diese Botschaft brauchst, weil du möglicherweise damit etwas anfangen kannst, und weil du dich womöglich auch deswegen für den Camino entschieden hast."

Wie recht sie hat. In der Tat kann ich mit dieser Botschaft etwas anfangen. Natürlich interessiert mich auch, wie ich denn mit meinem verstorbenen Vater in Kontakt treten kann, und vor allem wie ich eine eventuelle Reaktion seinerseits verspüren soll.

Nun muss Sonja etwas stärker ausholen: „Wenn du einmal alleine unterwegs bist, ganz ruhig bist mit dir und deiner Seele, sprich einfach laut mit deinem Vater, erzähle ihm, was du ihm gerne sagen möchtest, worüber ihr vielleicht noch sprechen müsst und noch nicht gesprochen habt. Du wirst sehen, es funktioniert. Er wird dich hören können und dir zu verstehen geben, dass er dich hören kann."

Etwas irritiert entgegne ich: „Ich kann mir vorstellen, mit ihm laut zu sprechen, ebenso, dass er mich hören kann, aber ich kann mir unmöglich vorstellen, wie ich ihn verstehen soll." Höchst zuversichtlich meint Sonja: „Du wirst eine Form finden, dass du ihn verstehen kannst. Du musst einfach nur Vertrauen haben und in dein Herz hören."

In der Folge entwickelt sich ein längeres und aufschlussreiches Gespräch, wobei mir Sonja, die mit 44 Jahren gleichalt ist wie ich, bereitwillig meine anstehenden Fragen bezüglich ihrer mir übersinnlich erscheinenden Fähigkeiten beantwortet. So erzählt sie mir, dass sie schon während ihrer Kindheit bemerkte, dass in ihr besondere Veranlagungen stecken, jedoch konnte und durfte sie diese niemanden mitteilen. Ihre Umgebung, hauptsächlich ihre Eltern, konnten diese Form von übersinnlichen Kräften, die anscheinend in ihrer Tochter fest verwurzelt waren, in keiner Weise begreifen und reagierten entsprechend verständnislos. Ihr wurde strikt verboten darüber zu reden. Passierte es dennoch, waren Beschimpfungen und Strafen an der Tagesordnung. Sonja sollte einen Weg einschlagen, der nicht ihren Fähigkeiten und Bedürfnissen entsprach, sondern sich streng an den Vorstellungen der Eltern orientierte. Im Elternhaus bot sich ihr keine Chance zur Entfaltung und Entwicklung. Ein Hauptschulabschluss, eine solide Ausbildung, später heiraten und Kinder erziehen und treusorgend für ihre Familie da zu sein, dieser Werdegang war ihr vorgezeichnet.

Selbstverständlich war das Verhalten ihrer Eltern stark geprägt von deren Lebensentwürfen und Erfahrungen. Sonja wusste aber genau, dass in ihr mehr angelegt war, was sich nicht nur auf ihre spirituellen Fähigkeiten beschränkte. Nach einer handwerklichen Ausbildung mit abschließender Meisterprüfung entwickelte sie sich zu einer erfolgreichen Geschäftsfrau trotz mehrköpfiger Familie. Sie blieb nicht stehen und suchte immer wieder neue Herausforderungen. Eine permanente persönliche Weiterentwicklung und das stete Bemühen, den eigenen Horizont zu erweitern, sind die Grundlagen für ihr kreatives Schaffen.

Trotz vieler Parallelen war das Verhältnis zu meinen Eltern, obgleich derselben Generation angehörig, doch völlig anders und unverkrampft. Ich empfand die Beziehung zu meinem Vater meist ausgeglichen und gut. Bestimmt war er immer stolz auf mich, wenn ich meine Lebensziele erreichte. Es wurden mir keine Steine in den Weg gelegt, und bezüglich Schul- und Berufswahl ließen mir meine Eltern völlig freie Hand. Stets konnte ich meinen Vater um Ratschläge bitten und von seinen Lebenserfahrungen profitieren. Sicher gab es aber auch unterschiedliche Einstellungen, Meinungen und Prioritäten im Leben – und dabei gelang es uns nicht immer, die zweifellos vorhandene gegenseitige Wertschätzung einander zu vermitteln. Durch die Begegnung mit Sonja wird mir nun ein Weg aufgezeigt, das Band mit meinem Vater enger zu schnüren. Und ich nehme mir vor, die Chance zu nutzen!

Versetzt in eine andere Welt

Meditation:
Virgen del Camino bis Villar de Mazarife

*E*ntgegen den sonstigen Gepflogenheiten werden wir am heutigen Morgen durch unseren Hopitaliero freundlich geweckt, der die Tür zum Schlafraum öffnet und allen einen guten Tag wünscht. Nach und nach erheben sich die Pilger aus ihren Betten, packen ihre Rucksäcke und erledigen die Morgentoilette. Einzeln oder in kleinen Gruppen müssen wir uns auf unseren Pilgerweg begeben. Ich schreibe „müssen", weil heute schon wieder ein Regentag ins Haus, beziehungsweise über dem Camino steht. So verlassen Sonja und später auch ich die Herberge.

Für mich ist es der erste Test nach zweitägiger Regenerationsphase. Meinem rechten Unterschenkel nach zu urteilen, scheint die Erholungspause noch zu kurz gewesen zu sein. Von Anfang an spüre ich deutliche Schmerzen. Ich möchte aber unbedingt wieder auf die Piste und die Pilgergemeinschaft nicht nur in der Herberge erleben. So beiße ich auf die Zähne und los geht's. Natürlich spielen noch andere Faktoren eine Rolle: Ich hoffe, Sonja abends wieder in einer Herberge zu treffen, und außerdem will ich versuchen, falls sich die Gelegenheit ergibt, mit meinem Vater Kontakt aufzunehmen.

Gleich am Ortsausgang von Virgen del Camino gibt es eine Besonderheit hinsichtlich der Streckenführung. Laut „Pilgerbibel" gibt es zwei Alternativrouten. Eine führt entlang an der Nationalstraße, die andere, wesentlich schönere und nur drei Kilometer längere Streckenführung soll frei von Motorenlärm durch landschaftlich reizvolle Gegenden führen. Ich bin mir sicher, dass nahezu alle Pilger diese zweite Route bevorzugen werden. Angesichts der schlechten Markierungen erweist es sich als schwierig, auf den gewünschten Weg zu gelangen. So irre auch ich einige hundert Meter umher und treffe auf Pilger, die das gleiche Los teilen. Mein südkoreanischer Freund Manuel zählt auch dazu. Gemeinsam schaffen wir es schließlich, wandern eine Weile zusammen und gelangen in ein kleines Dorf, in dem ich dann zurückbleibe. Ich möchte jetzt allein unterwegs sein und mich auf den Kontakt mit meinem Vater konzentrieren.

Die Ortschaft verlasse ich auf einer geraden, für ein kurzes Stück sehr steil ansteigenden Passage und erreiche ein kleines Plateau. Innerlich entschleunigt und meinen überanstrengten Sehnen fast dankbar, denn dadurch haben sich die Ereignisse so entwickelt, wie ich sie anscheinend benötige, wandere ich durch eine karge Heidelandschaft. Mein Gemütszustand entspricht der ruhigen, wenig aufregenden Gegend, nichts, woran sich das Auge festhalten könnte. In meditativer Einsamkeit denke ich an all die vielen unwichtigen und überflüssigen Dinge im Leben und versuche zu ergründen, was wohl das Wichtigste im Leben ist. Schließlich gelange ich zu der Einsicht, dass es wohl die Liebe ist. Die Liebe in ihren zahlreichen Facetten, als Pforte für unser Gefühlsleben und als Zeichen inniger und tiefer Verbundenheit. Ohne Liebe kann kein menschliches Wesen auf Dauer existieren. Es würde sich einsam fühlen, ihm würde die Geborgenheit fehlen, und es würde im Laufe der Zeit innerlich abstumpfen. Es würde das Geschenk, auf Erden zu sein, nicht mehr als solches empfinden. Ja, die Liebe ist es, die uns die Kraft zum Leben gibt. Die Liebe, die wir geben, und die Liebe, die wir empfangen. Ein Weg ohne Liebe ist eine Sackgasse. Jetzt, da ich mich ruhig und gelassen fühle, ist der Zeitpunkt gekommen, Kontakt mit meinem

Vater aufzunehmen, ihn atmosphärisch zu „beschwören" – und es fällt mir ganz leicht.

Schritt für Schritt merke ich, wie sich meine Gedanken auf meinen Vater fokussieren. Mir kommt es so vor, als ob er den Kontakt zu mir gesucht, sich ihn regelrecht gewünscht hätte. Und mir ergeht es ähnlich, tief im Unterbewusstsein muss dieses Verlangen gereift sein. Plötzlich habe ich den Eindruck, als ob mich mein Vater auf diesen Weg gerufen hätte. Und Sonja war für ihn eine Art „Sprachrohr", um mich zu erreichen. Doch das „Wie und Warum" spielt im Grunde keine Rolle, wichtig ist nur das Ergebnis. Für mich besteht jedenfalls kein Zweifel, dass ich momentan ganz eng verbunden bin mit meinem Vater. Und dafür bin ich dankbar.

Aus tiefster Versunkenheit herausgerissen werde ich, als der Laufuntergrund unerwartet wechselt. Vor mir liegt ein Wegabschnitt, der sich durch besonders hartnäckigen und klebrigen Matsch auszeichnet, der mir fast die Schuhe auszieht. Unwillkürlich muss ich an meinen kleinen Sohn denken, der diese Passage zu seinem Lieblingsspielplatz erklären und sich darauf freuen würde, in dieser Matsch- und Pfützenlandschaft zu versinken. Ich schreite möglichst behutsam durch dieses Schlachtfeld, immer darauf bedacht, meine Unterschenkelsehnen zu schonen. Das Einzige, was zählt, ist der nächste Schritt. Nachdem ich diesen Abschnitt bewältigt habe, bin ich richtig erleichtert und pausiere einige Minuten.

In der Ferne sichte ich das nächste Dorf, auf das mein Weg geradewegs zusteuert. Kurz vor der Ortschaft wechsle ich auf eine schmale Teerstraße, auf der neben dem gelben Caminopfeil auch eines meiner Lieblingsworte hier in Spanien aufgemalt ist: „Bar". Wenige Meter vor den ersten Häusern blicke ich nochmals zurück und bemerke, dass Katharina fast zu mir aufgelaufen ist. Sie hat offenbar auch eine ruhigere Gangart gewählt, und ich entschließe mich, auf sie zu warten. Auf einer kleinen Veranda vor der Bar freuen wir uns über unsere Erholungspause bei inzwischen herrlichem Sonnenschein.

Mitfühlend erkundigt sich Katharina nach meinem Unterschenkel und wie ich die gestrigen Ereignisse verkraftet habe.

Da ich wenig Lust zu längeren Ausführungen verspüre, antworte ich sehr knapp, alles sei wieder in Ordnung. Bei einem Café con leche entscheiden wir, den heutigen Wandertag gemeinsam in der nur vier Kilometer entfernten Ortschaft Villar de Mazarife zu beenden.

Etwas früher als Katharina mache ich mich wieder auf den Weg. Schon wenige Minuten später läuft ein älteres, deutsches Ehepaar zu mir auf, mit dem ich sogleich ins Gespräch komme. Die Frau berichtet, dass sie gerade ihren vierten Anlauf nehmen, um nach Santiago zu gelangen. Ihr erster Versuch musste wegen unerträglicher Schmerzen in den Beinen abgebrochen werden. Beim zweiten Anlauf war ihr Mann aus einem Hochbett gefallen und hatte sich schwer verletzt. Den dritten Versuch, den sie Anfang dieses Jahres starteten, machte ein Kälteeinbruch zunichte. Und nun sind sie zum vierten Mal unterwegs. Als sie an mir vorbeiziehen, wünsche ich noch „Buen Camino", was die beiden wirklich brauchen können.

Angesichts der immer wärmer werdenden Sonnenstrahlen bin ich froh, mein Marschgepäck bald ablegen zu können. Kurz vor unserem Tagesziel ist auch Katharina wieder in Sichtweite hinter mir. Ich warte auf sie und erkläre ihr, dass ich Sonja unbedingt noch einmal treffen möchte. Die sonderbaren Geschehnisse des Vortages hätten mich ziemlich neugierig gemacht und ich würde gerne versuchen, die sie umgebende geheimnisvolle Aura wenigstens ansatzweise zu ergründen. Vielleicht könne ich dann die für mich höchst wundersamen Phänomene besser einschätzen. Da in diesem bescheidenen Nest gleich drei Herbergen konkurrieren, schlage ich Katharina vor, erst einmal die jeweiligen Hospitalieros zu fragen, ob Sonja sich in einer bereits eingeschrieben hat. Aber sie ist entweder noch nicht angekommen oder hat in einem anderen Ort ihre heutige Wanderung beendet.

Wenigstens haben wir alle Herbergen inspiziert und können die akzeptabelste auswählen. Es ist eindeutig gleich die erste direkt am Ortseingang. Wir laufen also zurück und müssen kurz warten, da noch zwei Pilger vor uns beim Einschreiben sind. In der Zwischenzeit sehen wir Sonja ankommen. Sie hat sich heute früh ebenfalls verlaufen und musste einen etwas größeren Umweg hinnehmen. Sichtlich erschöpft und froh, ihr Tagesziel erreicht zu haben, begrüßt sie uns freudig. Ausnahmsweise wird den beiden Frauen heute ein Doppelzimmer angeboten, was einen gewissen Luxus verspricht. Ich dagegen fühle mich in den großen Schlafsälen ohnehin recht wohl. Nach dem Auspacken unserer Rucksäcke und dem obligatorischen Duschen nutzen wir die Liegen im Vorgarten der Herberge zu einem kleinen Sonnenbad. Dabei grüßen wir winkend die mit schweren Rucksäcken beladenen Pilger, die direkt an uns vorbeilaufen, worauf einige spontan in das einladende Quartier einkehren. Da wir uns bereits beim Einschreiben für die heute angebotene vegetarische Paella angemeldet haben, ist die Vorfreude auf das Abendessen besonders groß. Sonja, die sich erst jetzt nach meinem Schienbein erkundigt, bietet mir, nachdem ihr mein Gesichtsausdruck völlig reicht, für später eine weitere Schmerzbehandlung an. Leider ergibt sich keine passende Gelegenheit für ein weiteres erläuterndes Gespräch über die mich so bewegenden Ereignisse des Vortages. In der Zuversicht auf einen günstigeren Zeitpunkt lasse ich von diesem Anliegen erst einmal ab.

Ein wenig Traumschiffatmosphäre breitet sich aus, als zwei überdimensional große Pfannen von den Köchen in das Esszimmer gefahren werden, und sich 45 Pilger nach Herzenslust bedienen dürfen. Zusammen mit dem vorzüglich mundenden Rotwein ein kulinarisches Highlight auf dem Camino, das an diesem Abend die Einfachheit der Pilgerschaft auf angenehmste Weise unterbricht.

Nach dem opulenten Mahl erhebt sich überraschenderweise ein älterer Pilger und lädt alle Anwesenden, die sich am 10. Juni um 16 Uhr an der Treppe vor der Kathedrale von Santiago de Compostela einfinden, zu einem gemeinsamen Essen ein. Die Einladung erfolgt in zwei Sprachen. Innerlich schmunzelnd denke ich, aber erst einmal muss er selbst dort ankommen.

Sonja und ich ziehen uns dann zurück, und ich bekomme eine weitere Behandlung. Heute möchte ich nichts aus mei-

Bei „Tio Pepe" gibt's vegetarische Paella

nem Tagebuch vorlesen, sondern konzentriere mich nur auf das mir immer noch so fremde und geheimnisvolle Geschehen. Dabei versuche ich, mich für diese Behandlungsform zu öffnen. Als ich mich am Ende der Sitzung bedanke, kann ich freilich nicht widerstehen, Sonja zu fragen, ob sie wieder eine Botschaft erhalten habe. Doch sie verneint und will lediglich wissen, ob ich bemerkt habe, dass sie mit einer Hand auf meine Fußsohle gegriffen habe, um mich zu „erden" und die Entzündung von meinem Körper abzubauen, wie sie mir erklärt.

Mit einem guten Gefühl und in der Hoffnung, dass die meinem Körper angebotene Energie meine Selbstheilungskräfte aktiviert, begebe ich mich relativ zeitig zu Bett, mache noch kleinere Tagebuchaufzeichnungen und bin mit meinem heutigen Pilgertag nach der kleinen Pause relativ zufrieden.

Wie von Engelszungen

Besinnlichkeit:
Villar de Mazarife bis Hospital de Órbigo

*N*ach einem kargen Frühstück verlasse ich auch heute die Herberge allein. Erneut möchte ich eine gewisse Zeit für mich haben, um mich voll und ganz auf meine Beine, mein Schritttempo, meine Entschleunigung zu konzentrieren. Eigentlich brauche ich mich gar nicht mehr zu konzentrieren. Schon längst hat sich meine Entschleunigung verinnerlicht. Ich habe mich gewandelt, bin mir näher gekommen und habe ein Gespür entwickelt, mich in einem Tempo zu bewegen, das ganz auf meine aktuellen körperlichen Befindlichkeiten zugeschnitten ist.

Gemächlich schlendere ich aus der kleinen Ortschaft. Vor mir liegt ein längeres, kräftezehrendes Stück auf einer schmalen Asphaltstraße. Wie mit einem Lineal gezogen verläuft es schnurgerade, ohne dass eine Biegung oder ein Ende sichtbar ist. Als ich feststelle, dass weit vor und hinter mir kein Pilger zu erkennen ist, mein Laufrhythmus sich eingestellt hat, und ich nur noch das regelmäßige Klacken meiner Laufstöcke vernehme, versuche ich, wie am Vortag mit meinem Vater Kontakt aufzunehmen. Und genau wie gestern fällt es mir ganz leicht. Laut und deutlich unterhalte ich mich mit ihm und habe den Eindruck, als würde er mir Antworten in Form von Farben, Sträuchern und anderen visuellen Dingen geben. Was auch immer meine Gedanken- und Gefühlswelt in diesem Augenblicken beeinflusst, so verspüre ich während des Gesprächs eine große Zufriedenheit, die ich auch meinem Vater wünsche. Ich würde ihn gern an meiner Seite haben, um mich von ihm begleiten zu lassen. Nach einigen Minuten ist unser Gespräch beendet.

Was glücklicherweise auch endet, ist die Monotonie der Strecke, denn ein gelber Pfeil zeigt in Richtung eines Feldweges, in den ich einbiege. Dabei werfe ich einen kurzen Blick zurück, um mir zu vergegenwärtigen, diesen langen und eintönigen Weg endlich bezwungen zu haben. Zu meiner Überraschung entdecke ich knapp hinter mir den ersten Pilger seit langer Zeit – es ist Sonja. Ich winke ihr mit den Laufstöcken zu, was sie sogleich erwidert. Jedoch laufe ich mein Tempo weiter, da ich noch einige Zeit benötige, um mich von der gedanklichen Verbundenheit mit meinem Vater vollständig zu lösen. Erst an einem ausgewählten Streckenabschnitt warte ich auf sie. Am Wegesrand steht ein Markierungsstein des Camino, an dem sich bunte Blumen ihren Weg nach oben erkämpft haben. Ich erinnere mich, dass Sonja ohne Kamera unterwegs ist, und einige Erinnerungsfotos würden ihr bestimmt Freude machen. Während sie so auf mich zukommt, reflektiere ich kurz die wundersamen Ereignisse der letzten beiden Tage, und bin gedanklich beinahe versucht, ihr etwas Engelhaftes anzudichten. Doch diese abstruse Vorstellung schiebe ich blitzschnell beiseite.

Mit einer kurzen Umarmung begrüßen wir uns. Meinen Vorschlag, einige Fotos von ihr zu machen, nimmt sie gerne an. Sie lehnt sich dazu an den Markierungsstein, stützt sich überdies auf ihren mächtigen Wanderstock, den sie sich zu Hause aus ihrem Garten von einer Korkenzieherweide abgeschnitten und präpariert hat, und macht dabei einen zufriedenen, wenn auch leicht abgekämpften Eindruck. Für den Rest des Tages beschließen wir, gemeinsam weiterzulaufen. Es ist ein Wandern ohne viele Worte, beide sind wir versunken in unserer eigenen Gedankenwelt, lassen uns gegenseitig Spielraum und akzeptieren die Bedürfnisse des anderen. Gleichwohl oder gerade deswegen können wir uns ein Gefühl von gegenseitiger Wertschätzung und Sympathie vermitteln.

Nach einer kurzen Kaffeerast nehmen wir die letzten Kilometer in Angriff und erreichen schließlich nach Passieren der gewaltigen Steinbrücke über den Río Órbigo unseren Zielort Hospital de Órbigo, die ehemalige Johanniter-Komturei. Das Glück des Pilgers ist keineswegs deckungsgleich mit den Lebenswünschen der ansässigen Bevölkerung. Wie in vielen Dörfern entlang des Jakobweges sehnt man sich auch hier nach mehr Arbeitsplätzen. Die Jugend zieht weg, Patina legt sich über geschichtsträchtige Fassaden. Laut „Pilgerbibel" befindet sich in diesem Ort das schönste Refugio des ganzen Camino, wo wir problemlos unterkommen. Nachdem wir uns erfrischt haben, lassen wir uns im Innenhof von den wärmenden Sonnenstrahlen verwöhnen. Jeder widmet sich seinen Tagebuchaufzeichnungen, wir sind schlicht zufrieden mit dem Hier und Jetzt. Die Nähe zur Natur, der unmittelbare Kontakt zu sich selbst und die integrierende Pilgergemeinschaft lassen die Strapazen des Weges schnell vergessen.

In der gesamten Herberge hängen von den Pilgern gemalte Bilder mit einer beachtlichen Themenvielfalt, die teilweise von erstaunlichem Talent zeugen. Mehr oder weniger kunstvoll werden Eindrücke der Pilgerschaft visualisiert. Fast alle Bilder sind in kräftig-leuchtenden Farben gearbeitet, teils mit religiösen Motiven, häufig jedoch der Natur entlehnt, angesichts der wochenlangen Wanderung durch beeindruckende Landschaft durchaus nachvollziehbar. Im Eingangsbereich steht eine Leinwand bereit, und wer möchte, kann seinen künstlerischen Ambitionen freien Lauf lassen.

Doch für diese Art von Betätigung finde ich keine Muße. Immer noch beschäftigen mich die außergewöhnlichen Ereignisse der letzten Tage, und ich versuche, die Geschehnisse und die Sonja umgebende Mystik weiter zu lüften. Deshalb bitte ich sie, mir einen Auszug aus ihrem Tagebuch vorzulesen. „Gerne", antwortet sie spontan. Und einmal mehr bin ich überrascht von ihrer Bereitwilligkeit, mir ei-

Die mittelalterliche Brücke über den Rio Órbigo

nen tiefgehenden Einblick in ihr Seelenleben zu gewähren. Sie schlägt ihr kleines Büchlein auf, sucht nach einer geeigneten Passage und beginnt ganz ruhig mit dem Lesen. Bereits nach wenigen Sätzen wird mir ganz eigenartig. Für eine Weile werde ich in eine andere Welt versetzt. Wie von Engelszungen sprudelt ein Wasserfall an Ausdruckskraft und Bildhaftigkeit aus ihrem Mund. Ich lasse mich von jedem ihrer Worte aufs Neue überraschen. Niemals zuvor ist mir eine derartige Sprache begegnet. Zeitweise fällt es mir schwer, dem Inhalt ihrer Ausführungen zu folgen, da ich immer wieder von der eindrucksvollen und zugleich sonderbaren Wortwahl sowohl fasziniert als auch verwirrt bin – einfach unbegreiflich.

Als ich mich bedanke, lächelt sie zufrieden. Doch ich möchte von Sonja nur Eines wissen, woher sie diese Fähigkeit hat, auf so einzigartige Weise zu formulieren. Sie zögert ein wenig und erläutert, dass sich diese Ausdrucksweise im Laufe der Jahre durch die meditativen Gespräche mit ihrem Schutzengel entwickelt hat. Spätestens jetzt sind meine Vorstellungsgrenzen überschritten. Insbesondere die Selbstverständlichkeit, wie sie mir diesen Sachverhalt darstellt, erstaunt und verstört mich gleichermaßen.

Erst als sie vorschlägt, in den örtlichen Laden zu gehen, um uns dort unser heutiges Abendessen zu besorgen, gelange ich wieder auf den Boden der Tatsachen, denn mein Magen, der schon lange auf solch einen Vorschlag gewartet hat, macht sich bereits deutlich bemerkbar.

Da Sonja sich nach dem Abendessen auf ihre Schlafstelle zurückzieht, bummle ich zur Ablenkung lange durch die Dorfstraßen und versuche meine Gedanken zu ordnen, was mir angesichts der vielfältigen Ereignisse schwerlich gelingt. Zurück in der Herberge führe ich mit einem spanischen Pilgerkollegen ein eingehendes Gespräch über die nachhaltigen Begegnungen auf dem Camino, wobei wir übereinkommen, dass jeder Pilger seine eigenen, ganz persönlichen Erfahrungen macht, die weder in der Intensität, noch in der Art und Weise vorhersehbar sind. Wie viele Menschen diesen Weg mit ihren eigenen Füßen schon gegangen sind und noch gehen werden, am Ende wird immer der persönliche Weg stehen. Wer dabei seine Antennen auf Empfang stellt, dem mag es gelingen, auch außergewöhnliche Erfahrungen zu sammeln.

Als ich endlich möglichst leise in den Schlafraum schleiche, werde ich von den obligatorischen Schnarchgeräuschen empfangen. Und wieder folgt eine unruhige Nacht, in der ich so viel zu verarbeiten habe.

*E*in *W*anderstock als *Z*eichen

Vertrautheit: Hospital de Órbigo bis Astorga

*B*eim Erwachen bemerke ich, dass Sonja gerade ihre Sachen im Rucksack verstaut. Ich wage nicht, sie anzusprechen. Jedoch muss sie gemerkt haben, dass auch ich wach bin und ihr bewusst Zeit gebe, sich allein auf den Weg zu begeben. Regungslos warte ich, bis ich sicher bin, dass sie wirklich gegangen ist. Auf dem Weg zum Waschraum bemerke ich, dass ihr auffälliger Wanderstab noch in dem dafür vorgesehenen Sammelbehälter steckt. Ich vermute, dass sie gerade das Frühstück zu sich nimmt, und lasse mir bei meiner Morgentoilette mehr Zeit als üblich. Meine Gedanken kreisen dabei fortwährend um die Geschehnisse der Vortage, die mir offensichtlich sehr viel Kraft geraubt haben. Und ich bin mir sicher, dass Sonja das spürt und sich bewusst zurückzieht.

Wieder im Schlafraum beginne ich, meinen Rucksack zu packen, dabei habe ich einen direkten Blick auf die abgestellten Stöcke – der von Sonja ist plötzlich verschwunden. Mein spartanisches Frühstück verschlinge ich recht lustlos, denn Appetit habe ich keinen. Teilnahmslos verharre ich etliche Minuten im fast leeren Raum, bevor ich mich auf den Weg mache.

Einmal mehr beginnt der Tag mit einem Regenschauer, passend zu meiner etwas melancholischen Stimmung. So trotte ich die ersten Kilometer relativ gedankenlos durch die Landschaft, bis ein gelber Caminopfeil auf einen Fußpfad weist, der auf ein Hochplateau führt. Erst hier endet allmählich die Monotonie der Meseta. Der Weg verläuft durch kleine Wäldchen und fühlt sich samtweich an. Geradezu eine Wohltat, auf so einem Untergrund zu wandern. Immer wieder unterbrochen von kleinen Rinnsalen windet sich der reizvolle Pfad nach oben, man fühlt sich wie in einem Märchenwald. Aufgrund des geschlungenen Weges eröffnen sich in kürzesten Abständen stets neue, überraschende Ausblicke. Eine Art Labyrinth, aus dem man nicht herausfinden möchte. Plötzlich öffnet sich der verwunschen anmutende Wald, und die Hochfläche wird einsehbar.

Ganz oben erblicke ich Sonja, wie sie mit ihrem wehenden Regenumhang über die Kuppe schwebt. Da sie mich nicht bemerkt hat, und ich nicht auflaufen möchte, setze ich mich auf einen großen Stein für eine Zigarettenpause und genieße die mich umgebenden Stille. Stundenlang könnte ich mich hier aufhalten, würde mich nicht ein langsam aufkommendes Hungergefühl weitertreiben. Im nächsten Dorf hoffe ich sehnsüchtig auf eine Bar. Erst am Ortsausgang habe ich Glück, als mir das große Schild mit den drei bekannten Buchstaben entgegenleuchtet. Im Vorbeigehen werfe ich einen kurzen Blick ins Innere. Da ich niemanden erkennen kann und keine Lust verspüre, allein Kaffee zu trinken, entschließe ich mich weiterzugehen. Doch am letzten Fenster erfasse ich im Augenwinkel einen Gegenstand, der mir bereits heute früh ein Zeichen war. Sonjas mächtiger Wanderstab ragt mit der Spitze gerade noch in das Fenster hinein. Für einen Moment überlege ich, ob ich weitermarschieren soll, drehe schließlich doch um und betrete die Bar. Zusammengekauert über einer Tasse Kaffee erblicke ich Sonja im hinteren Winkel. Als ich ihr berichte, dass ich gewissermaßen von ihrem Wanderstock angelockt wurde, erzählt sie, dass dieser Stock für sie als Symbol für ihren Mann steht, den sie auf dem ganzen Weg mit sich trägt, und an dem sie immer wieder Halt und Stütze findet. Und da uns dieser kleine Zufall nochmals zusammengeführt hat, entscheiden wir, bis Astorga den Weg gemeinsam zu bestreiten.

Während der Wanderung durch die sanfte Waldhügellandschaft scheint die magische Ära auf dem Camino beendet zu sein. Die kräftezehrenden und übersinnlichen letzten drei Tage werden einfach beiseitegeschoben. Wir lassen heute unseren Gedanken freien Lauf, genießen die uns umgebende herrliche Landschaft und erfreuen uns an der Schlichtheit des Pilgerdaseins.

Nach dem Überqueren der letzten sanften Hügelkette und dem Durchwandern einer weiteren Hochfläche erreichen wir am frühen Nachmittag einen beschaulichen Rastplatz, wo wir unseren Proviant verzehren. Dabei haben wir einen wunderbaren Ausblick auf das von der Kathedrale dominierte Astorga. Die Gebirgswelt der Montes de León im Hintergrund der alten Römerstadt runden die beeindruckende Kulisse ab. In der Herberge angekommen, macht sich Sonja sogleich auf den Weg zum Schlafsaal und wählt einen besonderen Platz direkt unter einem großen Dachfenster. Wir haben sozusagen einen Logenplatz mit freier Sicht auf die Wolken und den späteren Sternenhimmel.

Was dann passiert, ist wieder typisch Camino! Völlig überraschend trifft in unserer Herberge eine junge Frau ein, der ich zwischenzeitlich richtig dankbar geworden bin, da sie mir den entscheidenden Anstoß zum Schreiben meines Tagebuchs gegeben hat. Ich liege gerade auf meinem Hochbett mit Blick auf die tief ziehenden Wolken, als mir Beatrix freudig um den Hals fällt. Mit einem Wiedersehen haben wir beide nicht mehr gerechnet. Fast fünf Tage sind seit unserem Abschied in Sahagún verstrichen. Und so viel hat sich in der Zwischenzeit ereignet! Natürlich möchte jeder von den Erlebnissen des anderen erfahren. Doch zunächst stelle ich der jungen Österreicherin Sonja vor. Anschließend plaudere ich ausgiebig mit Beatrix im Aufenthaltsraum. Zunächst erkläre ich ihr, weshalb unser geplantes Treffen in León nicht zustande kam und äußere mein großes Bedauern, Esteban nicht mehr getroffen zu haben. Beatrix hingegen erzählt von ihren neuen kanadischen Freunden, mit denen sie seit León unterwegs ist und mit denen sie Kameradschaft und Spaß gleichermaßen erlebt.

Dann berichte ich ihr ansatzweise von den unerklärbaren Geschehnissen während der letzten Tage. Mit weit aufgerissenen Augen lauscht sie gespannt meinen Worten und meint, dass so etwas nur auf dem Camino möglich ist. Schließlich muss ich ihr noch versichern, bei Gelegenheit aus meinem Tagebuch vorzulesen.

Da ich Sonja versprochen habe, mich bei ihr für die Schmerzbehandlungen mit einer Einladung zu einem Pilgermenü zu bedanken, machen wir zwei uns auf den Weg durch die kontrastreiche, dynamische Stadt, die seit dem Mittelalter alle Pilger und Reisenden passieren. Kurzentschlossen besichtigen wir den von Antonio Gaudí konstruierten neogotischen Bischofspalast, der heute ein Museum beherbergt, in dem uns die außergewöhnlichen Ausstellungsstücke zu den verschiedenen Jakobswegen begeistern. Aufgrund der eigenwilligen Architektur fühlt man sich wie in einem Traumschloss. Beim Verlassen der Palastanlage spielt ein Indio auf seiner Panflöte südamerikanische Melodien, von denen wir uns zu ein paar Tanzschritten hinreißen lassen.

Bei unserem Bummel durch die historische Stadt kommen wir an einer Bar vorbei, in der wir zufällig auf Beatrix und ihre Kanadier stoßen. Sie hinterlassen einen sehr ausgelassenen Eindruck auf uns, und ich kann mir gut vorstellen, wie wohl sich die lebensfrohe Österreicherin in dieser Gruppe fühlt. Wir sind für unser Pilgeressen allerdings auf der Suche nach einem gemütlicheren Ambiente und werden zwischen den engen Altstadtgassen von Astorga auch bald fündig. In einem kleinen Restaurant lassen wir uns von der freundlichen Bedienung und den guten Speisen verwöhnen.

Als ich später durch unser Dachfenster auf den Nachthimmel blicke, empfinde ich plötzlich einen unwiderstehlichen Drang, die Ereignisse der letzten Tage niederzuschreiben. Ich setze mich in den menschenleeren Aufenthaltsraum und schreibe einfach drauflos. Wie von Geisterhand scheint der Stift über die Seiten zu gleiten. Ohne lange Überlegungen bringe ich die Ereignisse zu Papier. Irgendwann werde ich sehr müde, beende meine Aufzeichnungen und gehe zu Bett. Es ist drei Uhr früh.

Ein endlos strahlendes Band

Versunkenheit:
Astorga bis Rabanal del Camino

*N*ach meiner kürzesten Nacht auf dem Camino werde ich wie üblich durch den Lärm der anderen Pilger, die sich für den Aufbruch präparieren, geweckt. Noch ganz verschlafen beobachte ich Sonja, die ebenfalls schon ihren Rucksack packt, und frage sie, ob wir noch gemeinsam frühstücken wollen. „Können wir gerne machen", antwortet sie unerwartet einsilbig und verschwindet in den Waschraum. Ich habe das Bedürfnis nach frischer Luft, denn ich merke, wieviel Kraft mich die fünf Stunden des nächtlichen Schreibens gekostet haben. Ich fühle mich völlig übermüdet und ausgelaugt.

Erst als ich mich mit Beatrix, die ebenfalls schon im Aufbruch begriffen ist, unterhalte, kehren die Lebensgeister langsam zurück. Auch heute morgen ist ihr die Freude an der Kommunikation anzumerken, vor allem die spirituellen Ereignisse um Sonja interessieren sie sehr. Ich gebe ihr kurz zu verstehen, dass die letzten Tage auf dem Camino eine ganz besondere Erfahrung gewesen seien, denn durch die Begegnung mit Sonja sei mir ein flüchtiger Blick in eine mir bislang völlig fremde Welt zuteil geworden. Doch nun verspüre ich den Wunsch, die auf dem Camino gewonnene und geschätzte Nähe zu mir selbst wieder erleben zu wollen, wozu ein Wandern losgelöst von allen bisherigen Geschehnissen die Voraussetzung sei.

Will ich aber mit Sonja noch einmal frühstücken, muss ich mich sputen. Rasch stopfe ich meine Habseligkeiten in den

Rucksack und eile in den Aufenthaltsraum. Dort sehe ich sie gemeinsam mit zwei älteren Pilgern an einem Tisch sitzen, und mit einem Mal beschleicht mich das Gefühl, dass es besser ist, die Herberge allein und ohne Frühstück zu verlassen. So nehme ich meine sieben Sachen – eigentlich nur drei, meinen Rucksack und die beiden Wanderstöcke – und breche auf. In diesem Moment muss ich unwillkürlich an Dominik denken, als ich mich vor zehn Tagen in Burgos spontan von ihm trennte. Auch damals hatte ich das starke Bedürfnis nach Eigenständigkeit und eine neugierige Erwartung auf die sich entwickelnden Ereignisse.

In einem nahen Café besorge ich mir Proviant und verlasse eilends die Stadt. Nach einigen Kilometern, die es entlang einer Teerstraße zurückzulegen gilt, ist endlich das erste Dorf erreicht. Ab hier beginnt ein Abschnitt, der jedes Pilgerherz höherschlagen lässt. Stetig ansteigend, kerzengerade, mit weitem Blick nach vorne, eine gleichmäßig weiße Kieselauflage als Laufuntergrund, umrahmt von gelb- und orangeblühenden Sträuchern, und ein Bergpanorama mit teilweise noch schneebedeckten Gipfeln. Diese kilometerlange, vielleicht schönste Strecke des Jakobsweges mit einem scheinbar endlos strahlenden Band bewirkt in mir eine nachdenkliche Versunkenheit. Unweigerlich kreisen meine Gedanken um meine Familie, die ich gerade sehr vermisse, und ich erinnere mich an meine Abreise. Wie viele Tage sind inzwischen verstrichen? Wie viele Tausende von Schritten gewandert? In der Routine des Pilgerlebens entfernt sich der Alltag immer mehr. Aber ich habe vor meinem Aufbruch schon gesagt, dass ich den Camino nicht nur für mich machen werde, ohne zu ahnen, welch tiefgreifende Veränderungen mich erwarten würden.

Ich fühle ganz genau, der Camino berührt die Seelen der Pilger, er führt ihnen unweigerlich vor Augen, was das Entscheidende im Leben ist. Und wiederum, genau wie vor drei Tagen, komme ich zu der Erkenntnis: Liebe – in welcher Form auch immer – ist wichtig, erst durch sie wird das Leben lebenswert. Und dieses innige, alles durchdringende

Gefühl empfinde ich gerade sehr deutlich für meine Frau, die ich mir an meiner Seite wünsche.

Da mir der frische Wind auf geschätzten tausend Höhenmetern frontal entgegenbläst, krame ich mein Multifunktionstuch hervor, das ich nun als Stirnband benutze. Beständig geht es bergauf an verlassenen Häusern vorbei, und endlich taucht hinter einer Bergkuppe ein Dorf auf. Am Ortseingang steht ein älterer Herr, der vermutlich jeden Pilger auf eine von seinem Sohn betriebene Bar verweist. Wenn er sich schon diese Mühe macht, denke ich, dann wähle ich auch diese. Ich bestelle mir meinen ersten Kaffee für heute und lasse mich an einem freien Tisch draußen nieder.

Keine zwei Minuten später sehe ich Sonja in den Ort einlaufen. Sie tritt an meinen Tisch, reicht mir ihre Hand und fragt etwas verunsichert, ob sie sich setzen dürfe – dann stellt sie ihren Rucksack ab. Eine ganze Weile sitzen wir uns schweigend gegenüber. Für unser Gespräch brauchen wir keine Worte, es gehen uns die gleichen Gedanken durch den Kopf. Und irgendwie beschleicht mich das Gefühl, dass dieses abermalige und unvermutete Aufeinandertreffen nicht grundlos geschieht. Hält das Schicksal noch etwas bereit?

Genau jetzt erscheint Beatrix mit ihrer Gruppe, doch im Gegensatz zu unserem Tisch herrscht dort eine sehr aufgeweckte Stimmung und eine natürliche Unbekümmertheit. Schließlich nehme ich meinen Rucksack, drücke Sonja noch kurz die Schulter und verlasse langsamen Schrittes das Dorf. Nach einer halben Stunde sehe ich Beatrix zu mir auflaufen, der ich versprochen habe, aus meinem Tagebuch vorzulesen. Doch bevor ich damit beginnen kann, muss sie mir unbedingt etwas mitteilen.

Ganz aufgeregt erzählt sie, dass einer ihrer kanadischen Freunde esoterische Kräfte besitze und ihr am Morgen vorausgesagt habe, dass ich Sonja wiedertreffen werde – und zwar im zweiten Dorf nach dem Start in Astorga. Ist es Zufall, oder haben diese Personen wirklich derartige Fähigkeiten?

Nun krame ich meinen Notizblock hervor, überlege kurz nach einer geeigneten Stelle, und entschließe mich für die

Geschehnisse um meine geheimnisvolle, erste Behandlung. Langsam und verständlich fange ich an zu lesen, während wir ruhigen Schrittes weitermarschieren. Gespannt lauscht Beatrix meinen Worten. Dabei merke ich, wie sie immer leiser und andächtiger wird. Immer wieder schüttelt sie ihren Kopf, auch für sie sind diese Ereignisse unbegreiflich. Als ich aufhöre zu lesen, bleibt sie stehen, zögert ein paar Sekunden, und sagt: „Das ist ein Schatz, den du da mit dir trägst; sei sehr, sehr dankbar." Als ich darauf hinweise, dass ich diese Zeilen in der vergangenen Nacht geschrieben habe, und dabei den Eindruck hatte, als würde sich der Stift von allein bewegen, wiederholt sie nochmals: „Sei sehr, sehr dankbar dafür."

Bis zum Etappenziel Rabanal del Camino wandere ich erstmals gemeinsam mit der Kärntnerin. Es ist ein unbeschwertes Wandern, wir lachen viel, und gerne hätten wir Esteban an unserer Seite. Mit Beatrix' kanadischen Freunden, die kurz vor dem angestrebten Bergdorf zu uns aufgeschlossen sind, begeben wir uns auf Quartiersuche. Wir entscheiden uns für die Herberge direkt neben der Kirche. Da sie noch geschlossen ist, besuche ich zunächst die örtliche Bar und döse vor mich hin, schließlich fehlen mir etliche Stunden Schlaf. Als ich schon fast ins Land der Träume abgetaucht bin, kommt Sonja die steile Dorfstraße heraufgeschlichen und macht einen ziemlich erschöpften Eindruck. Nachdem wir Quartier bezogen haben, können wir uns alle bei herrlichem Wetter in der riesigen Gartenanlage entspannen und freuen uns bereits auf die für morgen anstehende Etappe zum Cruz de Ferro, einem weiteren Highlight auf dem Camino.

Irgendwann am Nachmittag führt Sonja an sich selbst eine Behandlung durch, wobei sie ihre Füße auf einem Stuhl abgelegt und ihre Hände darüber gewölbt hat, um Energie auf ihre Schmerzzonen fließen zu lassen. Als sie mich sieht, bietet sie mir an, meinen Fuß dazuzulegen. Ein Pilger am Nebentisch beobachtet das für ihn wahrscheinlich höchst seltsame Treiben. Immer wieder blickt er ganz verstohlen zu uns herüber. Mit Sicherheit kann er nicht verstehen, was da gerade passiert. Ich habe Mühe, ein Schmunzeln zu unterdrücken. Jedes Mal, wenn er für einen kurzen Moment einen Blick zu uns wagt, muss ich mir regelrecht auf die Zunge beißen, um nicht doch loszulachen. Gerne hätte ich seine Gedanken gelesen.

Nach dieser für mich eher amüsanten Behandlung teilt mir Sonja völlig unerwartet mit, dass sie ganz deutlich meinen Schutzengel in Gestalt meines Vaters hinter mir erkennen würde. Aufs Neue überrascht und nicht unwesentlich irritiert über diese Aussage, frage ich leicht provozierend nach: „Kannst du meinen Vater auch beschreiben?"

Gelassen antwortet sie: „Ich bin mir ganz sicher, dass es dein Vater ist. Es geht auch nicht darum, ihn zu beschreiben, sondern welche Gefühle sich durch dieses Wissen in dir entfalten."

Ohne weiter nachzuhaken, akzeptiere ich ihre Antwort. War es etwa diese Bekundung, weshalb wir heute noch einmal zusammengeführt wurden? Auf seltsame Weise beglückt, überdenke ich alle Erfahrungen und Wandlungen des Weges, bevor ich später in meinem Schlafsack eine geruhsame Nacht habe.

Flohmarkttreiben auf dem Jakobsweg

Gemütswechsel:

Rabanal del Camino bis Molinaseca

Als ich aufwache, wünsche ich mir, zu Hause zu sein. Plötzlich habe ich eine unerklärliche Sehnsucht nach meiner Frau und meinen Kindern. Ich stelle mir vor, wie wir den Tag mit einem gemeinsamen Frühstück auf unserer sonnenbeschienenen Terrasse beginnen. Aber mein Rückflug ist erst in zwei Wochen!

Von meinem Bett aus blicke ich zu Sonja, die noch in ihrem Schlafsack eingehüllt ist. Ich gehe zu ihr hinüber, spüre jedoch sofort ihre reservierte Haltung. Auch während des anschließenden Frühstücks hält ihre Distanziertheit an. Die Vertrautheit der letzten Tage ist verflogen. Genau wie ich sucht sie vermutlich Abstand, unsere Blicke gehen vielfach ins Leere. Dem ungeachtet empfinde ich große Dankbarkeit Sonja gegenüber, denn sie hat so viele Ventile geöffnet und mir geholfen, im nachhinein das Verhältnis zu meinem Vater zu intensivieren.

Sonja verlässt als erste die Herberge, ich warte einige Minuten und mache mich dann ebenfalls wanderfertig. Kaum auf der Straße, kommt sie mir überraschend entgegen. Mehr oder weniger im Vorbeigehen äußert sie, dass sie noch einige Zeit in der Herberge verweilen möchte, da es ihr bei dem frischen Wind und den tiefen Temperaturen am heutigen Mor-

Morgenstimmung auf dem Weg zum Cruz de Ferro

gen noch zu kalt sei. Ein kurzes „Buen Camino", und die geheimnisvollen Tage auf dem Jakobsweg sind beendet.

Zufrieden schaue ich nach vorne und freue ich mich auf den Weg zum Cruz de Ferro, einem magischen Ort. Das beliebteste Kreuz des Camino ragt, in 1.500 Meter an einem fünf Meter hohen Eichstamm befestigt, aus einem Steinhügel. Wenn der Pilger hier erleichtert einen aus seiner Heimat mitgebrachten Stein ablegt und mit diesem seine Sorgen, Ängste und Nöte, die ihn auf den Weg geführt haben, folgt er einem uralten Ritual. Zur Römerzeit sollte mit dieser Geste der Gott Merkur als Schützer des Weges gnädig gestimmt werden.

Die Gegend auf dem Weg zum höchsten Punkt des Camino ist von Lieblichkeit geprägt. Ein freundlich grüner Landstrich erwartet den Pilger, der sich aufgehoben fühlt in Gottes Natur zwischen blühenden Sträuchern am Wegesrand. Leuchtendes

Lila, reinstes Weiß und sonnengleiches Gelb begleiten mich auf den Berg. Zwischendurch ziehen immer wieder Nebelschwaden den Berghang entlang und verwehren den Sonnenstrahlen kurzzeitig ihren Weg zum Blumenmeer. Ich bin in meiner individuellen Pilgerschaft wieder stabil verankert und verspüre keinerlei Anstrengung während des steinigen Aufstieges. Völlig unbewusst mache ich ganz tiefe Atemzüge, um so viel wie möglich von dieser einzigartigen Atmosphäre aufzusaugen. Wiederum spüre ich einen Geist, der mir hilft wahrzunehmen, was wirklich da ist. Und das ist mehr als anfangs gedacht. Ich entdecke mich mehr und mehr als Teil einer von Gott geordneten Schöpfung. Nie zuvor empfinde ich den Wahrheitsgehalt der Aussage „Pilgern ist Wandern mit Gott" stärker als in diesen Stunden. Wie unzählige Pilger vor und nach mir lege ich oben angekommen einen Stein ab, den mir mein kleiner Sohn mitgegeben hat, und überschreite den Bergkamm.

Nach wenigen Kilometern erreiche ich die Überreste eines verfallenen Bergdorfes, einst eine wichtige Passstation mit Hospiz und sogar Schauplatz eines spanischen Konzils. Zu meiner großen Überraschung vernehme ich das Läuten einer Glocke. Zwischen den Ruinen hat Tomás, eine der bekanntesten Persönlichkeiten des Camino, eine Art Refugio errichtet, das mir vorkommt wie ein Versuchsgelände für angehende Maurer und Zimmerer – ein kunterbuntes Sammelsurium von mehr oder weniger phantasievoll zusammengezimmerten Gebäuden. Als Baumaterial ist anscheinend verarbeitet worden, was gerade zur Verfügung stand: Steine, Schieferplatten, Holzreste. Mitten im Chaos befindet sich ein Verkaufsstand, um den sich die Pilger scharen. Flohmarkttreiben auf dem Jakobsweg!

Die äußere Erscheinung des „Herbergsvaters" ist keine Visitenkarte: verschmutzte Kleidung, unrasiert mit grauem Rauschebart, und natürlich auch ungekämmt; am liebsten hätte man ihn gleich unter die Dusche geschickt. Aber das ist nicht möglich, denn fließendes Wasser gibt es nicht, und die Regentonne vor der Eingangstür lädt bei den herrschenden Temperaturen nicht gerade zum Bade ein. Und dennoch verspüre ich eine seltsam fesselnde Anziehungskraft. Ich frage Tomás nach

Alternatives Refugio bei Tomás – mit Verkaufsstand

den Schlafräumen, die ich bisher nirgends erblicken konnte. Er zeigt auf ein altes Steinhaus, das etwas abseits steht. Als ich die Eingangstür öffne, werde ich sofort von einem Bild in den Bann gezogen, ich kann meinen Blick nicht mehr abwenden. Das Motiv fasziniert mich ungemein: Ein Pilger mit einen riesigen Wanderstab in den Händen. Hinter ihm, für ihn jedoch nicht sichtbar, schwebt ein Engel mit ausgebreiteten Flügeln. Der Kontrast zwischen dem tiefschwarz gemalten Wanderer und dem weiß-roséfarbigen Engel kann nicht größer sein. Der Hintergrund des Bildes ist in einem kräftig leuchtenden Violett gehalten. Jedem Betrachter seine eigene Interpretation, aber befremdlicherweise harmoniert die obskuren Gestalt des Pilgers mit dem Engel. Unwillkürlich fühle ich mich an die Ereignisse der vergangenen Tage erinnert – ich muss die kommende Nacht hier verbringen.

Dass es in diesem maroden Gebäude weder Stromanschluss noch Duschgelegenheit gibt, tangiert mich zunächst nicht. Auch die Bezüge der Matratzen und die zerfetzten Decken, die überall herumliegen, machen keinen einladenden Eindruck. Sie scheinen seit Monaten nicht mehr mit Wasser, geschweige denn mit Seife in Kontakt gekommen zu sein. Trotzdem schnappe ich mir eine dieser schweren Wolldecken und wickle mich darin ein. Ich fühle mich wie ein Indio auf der peruanischen Hochfläche. An einem sonnigen Plätzchen versuche ich, meine Gedanken und Gefühle im Tagebuch festzuhalten, doch die vielen Pilger, die diesen merkwürdigen Ort neugierig durchstreifen, stören meine Konzentration. Die meisten Pilger, mit denen ich ins Gespräch komme und denen ich meine Absicht mitteile, hier oben zu nächtigen, reagieren verständnislos, ihnen ist es nicht geheuer, länger als nötig zu bleiben. Mehr als zwei Stunden verbringe ich bei Tomás und lasse die zunehmend gespenstischere Atmosphäre auf mich wirken. Lediglich ein junger Student aus Litauen, dem ich fast zwei Wochen später in Santiago zufällig wieder begegne, und von dessen trauriger Pilgerschaft ich gerüchteweise hören werde, hat sich ebenfalls zu einer Übernachtung entschlossen.

Doch genauso spontan wie ich mich zum Bleiben entschieden habe, genauso schnell muss ich hier wieder weg. Von einer Sekunde auf die andere beschleicht mich ein unangenehmes Gefühl. Dies ist kein Platz zum Verweilen. So sammle ich meine Utensilien, stopfe alles in den Rucksack und verlasse fluchtartig das mich umgebende Chaos. Ich will nur noch weg.

Da es schon Nachmittag ist und die nächste Herberge acht Kilometer entfernt, forciere ich das Tempo gegenüber den letzten Tagen erheblich. Dabei spüre ich eine unerklärliche Befreiung. Ich habe den Eindruck, je weiter ich mich von diesem unheimlichen Ort entferne, desto intensiver wird dieses Gefühl. Als ich das anvisierte Dorf El Acebo erreiche, hält mich auch hier nichts, und ich laufe wie unter einem inneren Zwang weitere neun Kilometer dem Tal entgegen. Erst als ich Molinaseca erreiche, fühle ich mich endgültig wohl.

Zu meinem Erstaunen läuft mir unversehens Beatrix mit ihren kanadischen Freunden über den Weg. Wir begrüßen uns freudig, und sie erzählt von ihrer Ergriffenheit, als ich ihr vor wenigen Stunden am Cruz de Ferro gesagt habe, wie froh ich

Etwas nachdenklich

bin, sie auf dem Camino getroffen zu haben. Ich berichte noch
kurz von meinen zwiespältigen Gefühlen in dem verfallenen
Bergdorf. Dann verweist sie mich auf die Herberge, in der sie
mit ihren Freunden nächtigt und in der ich ebenfalls Unterkunft finde. Beim gemeinsamen Pilgeressen lasse ich mich
von der Fröhlichkeit der Kanadier anstecken und beschließe
zufrieden meinem ereignisreichen Wandertag.

Später am Abend habe ich das dringende Verlangen, mit
meiner Familie zu telefonieren, ihre vertrauten Stimmen zu
hören. Glücklicherweise gibt es keine aufregenden Neuigkei-
ten daheim, und die Banalitäten des Familienalltags erfreuen
mein Herz. Ich erzähle von dem für morgen geplanten anstrengenden „Camino Duro", denn natürlich begleiten meine
Frau und die Kinder mich in Gedanken. Im Arbeitszimmer ist
eine Wanderkarte befestigt, auf der sie die einzelnen Etappen
verfolgen können. So bin ich ihnen fern und doch sehr nah.

147

Der „Camino Duro"

Zufriedenheit:
Molinaseca bis Vega de Valcarce

*M*it sehr gemischten Gefühlen erhebe ich mich von meinem Nachtlager. Es dauert einige Augenblicke, bis ich die gestrigen Ereignisse realisiert habe. Die geheimnisvollen Tage auf dem Camino sind endgültig vorbei, und meine neu gewonnene emotionale Unabhängigkeit will ich voll auskosten. Dazu habe ich mir für heute ein riesiges Programm vorgenommen. Nach dem ausgiebigen Telefonat sind auch die sehnsüchtigen Gedanken an meine Familie verflogen. Ich fühle mich wie neugeboren und will wieder laufen, möglichst weit laufen. Gestern nachmittag habe ich gemerkt, dass sich mein Schienbein während der letzten kürzeren Etappen weitgehend regeneriert hat, und so freue ich mich, wieder gasgeben zu können. Nachdem ich mein ganzes Hab und Gut wie üblich ohne besondere Systematik in den Rucksack gestopft habe, hole ich meine Wanderstiefel aus dem Keller – es kann wieder losgehen. Nur noch der nicht ganz leichte Abschied von Beatrix und ihren Freunden bremst mein neu entfachtes Lauffieber. Ich sehe die kleine Truppe im Frühstücksraum sitzen, gehe an ihren Tisch, klopfe allen auf die Schulter, und mit einem kurzen „It's now time" bin ich auch schon fort.

Voller Elan nehme ich meine erste geplante Teiletappe, die Provinzhauptstadt Ponferrada, ins Visier. Die zirka zehn Kilometer auf angenehmen Feldwegen schaffe ich spielend.

Die morgendliche Kühle mit der dunstig-feuchten Luft vermittelt eine mystische Atmosphäre. In einem Café direkt an der mächtigen, von den Tempelrittern im 13. Jahrhundert errichteten Burganlage stärke ich mich mit einem ausgiebigen Frühstück. Man kann nur erahnen, welch immenser Einfluss und welch große Macht von diesem sagenhaften Orden zur damaligen Zeit ausgegangen sein muss. Bereits um das Jahr 1120 erfolgte die Gründung der Bruderschaft mit dem Ziel, den christlichen Pilgern eine sichere Reise zu ermöglichen.

In Ponferrada plane ich, mit dem Bus ins 24 Kilometer entfernte Villafranca del Bierzo zu fahren. Von dort möchte ich ein weiteres Highlight auf meinem Weg in Angriff nehmen, den „Camino Duro", ein besonders schwieriger und zugleich ausgesprochen schöner Teilabschnitt, den man alternativ zum Hauptweg gehen kann. Aber erst einmal muss ich mich in dem verkehrsreichen Ponferrada zum Busbahnhof durchfragen. Für zirka zwei Euro geht es dann kurz vor Mittag zum Ausgangsort meiner heutigen Herausforderung – Villafranca.

Doch genauso schwierig wie der Anstieg auf die empfohlene Alternativroute in meinem Reiseführer beschrieben ist, genauso schwierig gestaltet sich die Suche nach der richtigen Abzweigung. Für die kulturellen Schönheiten dieser verträumten mittelalterlichen Kleinstadt habe ich kein Auge. Immer wieder frage ich Passanten, ob ich mich wirklich auf dem „Camino Duro" befinde. Und immer wieder bekomme ich eine Bestätigung. Laut „Pilgerbibel" soll der Anstieg direkt am Ortsausgang nach Überquerung einer alten Brücke beginnen, indes marschiere ich schon fast einen Kilometer auf einer flachen Teerstraße. Entweder wollen oder können mich die Einheimischen nicht verstehen. Meine Zweifel, auf dem richtigen Weg zu sein, werden immer größer. Als ich dann schließlich zum fünften Mal jemanden frage, werde ich wild gestikulierend zum Umkehren aufgefordert und auf einen schmalen, sehr steilen Pfad gleich neben der Brücke verwiesen. Sofort ist mir klar, dass dieser Mann mich verstanden hat und mich auf die richtige Spur bringen wird. Ich laufe also zurück, vorbei an zwei Passanten, die mich vor wenigen Minuten noch in die entgegengesetzte Richtung geschickt haben und nun ein wenig befremdlich mustern. Wie so oft im Leben, wenn man etwas verzweifelt sucht, muss man förmlich mit der Nase darauf gestoßen werden, denke ich noch. Und dieses Sprichwort wird sogleich von einer aufmerksamen Frau bestätigt, als ich gerade zum zweiten Mal am Anstieg meiner Spezialroute vorbeilaufe und sie mir nachruft, wo ich denn hin möchte. Keine zwanzig Meter entfernt, deutet sie auf eine unscheinbare Weggabelung und nickt mit dem Kopf.

Sofort gibt es keinen Zweifel mehr – ich habe ihn gefunden, den „Camino Duro". Einen so steilen Anstieg habe ich bei den bisherigen 500 Kilometern noch nicht bewältigt. Als ob es direkt in den Himmel gehen würde, so empfinde ich den schier endlos sich nach oben windenden steinigen Pfad. Wie in einem Rausch bezwinge ich die gut 400 Höhenmeter, die auf kürzester Distanz zu überwinden sind. Noch nie war meine Stirn seit Pamplona von so vielen Schweißperlen überströmt, und auch die Sonne, die sich während der letzten Tage immer mehr zeigt, tut ihr Übriges. Ich merke, wie mein Herz schneller klopft und meine Atemzüge tiefer werden. Doch in mir gibt es nur diesen Drang, mich so rasch wie möglich nach oben zu kämpfen. Ich schwelge in einem Gefühl der Befreiung und der Lust nach Verausgabung und bin so froh, diesen Weg gefunden zu haben und ihn besiegen zu dürfen. Es ist mein Kampf, und es gibt nur einen Sieger.

Belohnt werde ich mit einem einzigartigen Blick auf das unter mir liegende Städtchen Villafranca del Bierzo und die es umgebende eindrucksvolle Berglandschaft. Ich sehe hinab auf Nationalstraße und Autobahn, die sich parallel und fast kerzengerade ihren Weg durch das Tal erschließen. Dort unten müssen sie sich befinden, die meisten meiner Pilgerkollegen auf geteerten Straßen, sich vorwärts bewegend, ausgesetzt dem stetigen Lärm, denn auf dem ganzen, zirka zehn Kilometer langen Abschnitt bin ich keiner Menschen-

Schlucht am Ende des Camino Duro

seele begegnet. Ich genieße die atemberaubende Landschaft
und die einzigartige Stille. Knapp unterhalb des Bergkam-
mes verläuft die Strecke und führt schließlich durch einen
riesigen, wunderschönen Esskastanienhain. Irgendwann
verlieren sich die gelben Markierungspfeile, die zuvor noch
vereinzelt an den mit dichtem Blattgrün bekleideten Bäumen aufgemalt waren, so dass ich mir meinen Weg selbst suchen muss. Ebenfalls sehr steil ist der nun folgende Abstieg,
der mich wieder Richtung Urbanisation bringt. Noch durch
eine enge und von üppiger Vegetation fast zugewucherte
Schlucht, und ich lande auf einer schmalen Straße direkt in
einem kleinen Dorf, in dem mich ein Hauch von gesundem
Naturdünger umweht.

Eine alte Frau, die wenige Meter entfernt auf einer Bank
sitzt, sieht mich, als ich faustgeballt wieder auf den Haupt-

weg treffe. Sie winkt mich herbei und deutet auf den freien Platz neben sich. Vielleicht ahnt sie, wie ich mich nach diesem außergewöhnlichen Teilstück fühle. Nämlich etwas erschöpft, aber sehr, sehr glücklich. Hunderte, nein tausende Pilger hat sie vermutlich schon aus dieser Schlucht kommen sehen und weiß, dass ein paar Augenblicke des Innehaltens genau das Richtige sind. Ich zögere nicht lange und geselle mich zu ihr. Achtzig Jahre wird sie sein, und übersät ist sie von zahllosen Falten, die ihr das Leben ins Gesicht gezeichnet haben. Wahrscheinlich kennt sie jeden Stein auf diesem Weg, den ich gerade bewältigt habe, obgleich sie ihn sicherlich schon jahrelang nicht mehr gehen konnte. Aber das Gefühl der Freude und des Erfolges nach der Bewältigung dieser Strecke darf ich in diesem Moment mit ihr teilen. Sogleich verwickelt sie mich in ein Gespräch, das anfangs von beiden Seiten mit Händen und Füßen geführt wird. Unwillkürlich muss ich dabei an die Unterhaltung mit meinen taubstummen Mitreisenden auf der Zugfahrt nach Freising denken. Erst als ich meine Portugiesischkenntnisse ins Spiel bringe, können wir uns einigermaßen verständigen. Nach einigen Minuten, in denen sich die Ruhe und Gelassenheit dieser Frau auf mich übertragen hat, verabschiede ich mich freundlich von ihr, mache mich auf den Weg zu meinem noch acht Kilometer entfernten Tagesziel Vega de Valcarce und reflektiere, dass es wohl ein großes Geschenk sein muss, wenn man im hohen Alter diesen Zustand scheinbar völliger Zufriedenheit in sich trägt.

Relativ erschöpft, aber stolz auf meine heute zurückgelegte Distanz, komme ich in einer sehr gemütlichen Herberge unter. Meine Entschleunigung der letzten Tage habe ich unbewusst durchbrochen, dabei nahezu beschwerdefrei neue Freude am Laufen entwickelt und sehe der morgen bevorstehenden letzten großen Bergetappe mit Spannung entgegen.

Impressionen vom Camino Duro

Pilgerherz, was willst du mehr?

Beharrlichkeit:
Vega de Valcarce bis Triacastela

*D*a für heute gleich zwei schwere Berge auf dem Programm stehen, einer der 1. Kategorie und einer der 2. Kategorie – um es einmal in der Radfahrersprache auszudrücken –, ist eine gewisse Anspannung unter den Pilgern nicht verwunderlich. Etwas früher als üblich verlassen die meisten ihre Unterkunft. Es soll ein angenehmer und warmer Frühsommertag werden, und so möchte ich die wenigen kühlen Stunden des Vormittags nutzen, um zumindest den Anstieg nach O Cebreiro, dem keltischen Vorzeigedorf schlechthin, hinter mich zu bringen. Dazu ist eine Strecke von 13 Kilometern mit einem Höhenunterschied von gut 600 Metern zu meistern. Gleichwohl lasse ich es gemächlich angehen, denn ich will mir meine Kräfte gut einteilen. Nach den ersten Kilometern entlang einer Teerstraße zweigt der Weg ab, und ich nähere mich unaufhaltsam dem Ende des Tals. Ich schlendere an dem idyllischen Valcarce-Bach entlang, der sich durch saftige Wiesenlandschaften schlängelt. Nachdem ich die letzten Häuser passiert habe, beginnt der eigentliche Anstieg.

Zuerst nur leicht bergauf, dann immer steiler verläuft der steinige Weg durch unberührte Natur. Man kann förmlich spüren, wie konzentriert die Pilger diesen kräftezehrenden

Tierischer Wegweiser im Valcarce-Tal

Abschnitt angehen. Mit Bedacht wird jeder Schritt gesetzt, und wie schon häufiger scheint auch heute der Weg das Ziel zu sein. Immer wieder vernehme ich tiefes Durchschnaufen. Immer wieder bleibt jemand kurz stehen, um sich zu regenerieren oder sich eines seiner Kleidungsstücke zu entledigen. In zahlreichen Kurven windet sich der Pfad hinauf durch einen schattenspendenden Laubwald. Kurz nachdem ich das kleine Bergdorf La Faba durchwandert habe, öffnet sich mir die herrliche Bergwelt des galicischen Hochlands. Ich habe die Baumgrenze überschritten und blicke über die weiten, grünen Wiesenflächen des Bergrückens. Eine halbe Stunde später bei strahlend blauem Himmel passiere ich den Grenzstein zwischen Kastilien und Galicien, der mannhoch und unübersehbar mit Wappen dekoriert am Wegesrand steht – noch 152,5 Kilometer bis nach Santiago!

Über schmale Pfade gelange ich kurz darauf in das Kelten-
dorf O Cebreiro. Die Passhöhe von fast 1.300 Metern ist bezwungen. Beeindruckt von der ganz besonderen Atmosphäre
lasse ich mich minutenlang durch den urwüchsigen Weiler
treiben, der den Pilgern seit alters her willkommene Rast
bietet. Einige der ovalen, mit Roggenstroh bedeckten Häuser
werden noch von Bauern bewohnt, und die Zeit scheint auf
nostalgische Weise stehengeblieben. Andächtig betrete ich
die durch ihre Schlichtheit beeindruckende, vorromanische
Kirche Santa Maria, die älteste Pilgerkirche am Jakobsweg,
füge meinem Pilgerpass einen weiteren Stempel hinzu und
entzünde dankbar eine Kerze vor einer alten Marienstatue.
Im Halbdunkel dieser schmucklosen Mauern kann man eine
besondere Nähe zu Gott und den unzähligen Pilgern, die hier
schon seit Jahrhunderten Andacht gesucht haben, verspüren.

Nach einem übernatürlichen Ereignis ist dieser alte Pilgerort wieder ins Blickfeld gerückt. Der Legende nach war im
14. Jahrhundert ein frommer Bauer trotz heftigen Schneege-
stöbers zur Klosterkirche hinaufgestiegen. Höchst unwillig
zelebrierte der Pfarrer für den einzigen Besucher die Messe.
Als er die Hostie erhob, erschien sie beiden als Fleisch, und
der Wein wurde zu Blut. Dieses „Gralswunder" wurde 1487
von Papst Innozenz VIII. bestätigt, und die Wunderutensi-
lien werden bis auf den heutigen Tag bewahrt. Die Legende
verbreitete sich in ganz Europa und inspirierte angeblich
Richard Wagner zur Komposition des „Parsifal".

Der weitere Wegverlauf durch das galicische Hochland
ist ein wahres Pilgervergnügen. Auf wanderfreundlichem
Untergrund führt der Camino wie durch einen Zauberwald
mit verwunschen anmutenden Bäumen, die über und über
mit Flechten und Moosen bewachsen sind. Diese knorrigen,
alten Bäume wirken auf mich, als kennten sie zahllose Geschichten, die sich um diesen Weg ranken. Ich passiere im
Viertelstundentakt mehrere kleine Bergdörfer, bevor der
letzte, sehr steile Anstieg zum höchsten Punkt der heutigen
Etappe beginnt. Unterwegs fallen mir die vielen Viehherden
auf, die auch auf extrem steilen Hängen weiden.

Kirche Santa Maria in O Cebreiro

Ziemlich verschwitzt komme ich oben auf den Alto de Poio-Pass an und genehmige mir vor dem bevorstehenden langen Abstieg in der „Gipfelbar" ein kühles Bier. Ich geselle mich zu drei jüngeren Frauen, von denen sich eine mit einem riesigen Eiersandwich und zwei Kuchenstücken eingedeckt hat. Sie will gerade ein Erinnerungsfoto von ihrem Monstersandwich machen, als ich ihr noch schnell die Kuchenstücke drauflege.

Laut lachend meint sie: „Das ist noch besser."

Etwas stichelnd erkundige ich mich, ob sie das weit über den Tellerrand hinausragende Sandwich allein verzehren will.

„Ja, sicher doch", antwortet sie selbstbewusst.

„Das schaffst du nie", entgegne ich und warte ab, wer recht behält.

Im Verlauf der amüsanten Unterhaltung erzählt die fröhliche Schwäbin, dass sie ihren Pilgermarsch vor gut einem Monat in Frankreich begonnen hat und vermutlich ein bis zwei Kilo zugelegt hat. Gewichtszunahme während der Pilgerreise – das ist neu für mich. Aber angesichts der Mengen, die sie gerade vor meinen Augen vertilgt, durchaus vorstellbar. Ich dagegen habe extrem abgenommen, inzwischen kaum noch Fettpolster unter meiner Haut und nähere mich figürlich dem ausgemergelten Körper eines Langstreckenläufers. Insofern stimme ich gefällig zu, als mir Claudia den Rest ihres Sandwiches anbietet, das sie wie erwartet nicht bewältigen kann.

So gestärkt beginne ich den Abstieg zu meinem Tagesziel Triacastela. Sehr gleichmäßig, auf angenehm zu wanderndem Kieselweg neben der Landstraße verläuft die Strecke. Beim Passieren eines einzelnen Gehöfts werde ich von einer älteren, weißhaarigen Bäuerin aufgehalten, die plötzlich mit einem Teller voller Pfannkuchen vor mir steht und mir regelrecht den Weg versperrt. Direkt unter meine Nase hält sie mir ihre selbstgebackenen Teigwaren. Für einen Euro überlege ich nicht lange, und nachdem sie meinen Eierkuchen nicht gerade sparsam mit Zucker bestreut hat, überreicht sie mir das süße Gebäck. Freundlich mit einem „Buen Camino" werde ich dann wieder auf die Piste entlassen.

Schon seit geraumer Zeit marschieren zwei Frauen in Sichtweite vor mir. Sie fallen mir besonders auf, da sie beide den gleichen Rucksack tragen, mit denselben Jacken, nur in unterschiedlichen Farben bekleidet sind, und beide braune, lange Haare haben. Nicht zuletzt beeindrucken sie mich durch ihren strammen Marsch. Über etliche Kilometer sind sie eine gute Orientierung. Als sie kurz pausieren und ich sie erstmals von vorne sehe, frage ich sofort, ob sie Zwillinge seien. „Nein, Schwestern", klärt mich die eine auf. Auf meine zweite Frage, ob sie aus Österreich kämen, meint die andere: „Nein, aus Südtirol." Wieder knapp daneben! Als sie mich fragen, wie weit es noch nach Triacastela sei, antworte ich: „Schätzungsweise fünf Kilometer", und wandere weiter.

Jetzt wird der Abstieg ziemlich beschwerlich, immer steiler geht es nach unten, und so langsam macht sich mein Schienbein leise bemerkbar. Bei einem kurzen Stopp ziehen die beiden Südtiroler „Bergziegen" an mir vorbei. Da ich weiß, dass auf dem Camino kein längerer Abstieg mehr zu erwarten ist, beiße ich nochmals auf die Zähne.

Am Ende eines Wiesentales erreiche ich schließlich das auf eine lange Pilgertradition zurückblickende Straßendorf Triacastela. Die letzte schwere Etappe des Camino ist bewältigt! Sogleich laufen mir die beiden Südtirolerinnen Helga und Sabine über den Weg und empfehlen mir nicht nur ihre schmucke Herberge, sondern fragen auch, ob ich Lust auf eine gemeinsame, selbstgekochte Pasta habe. Dieses Angebot kann ich selbstverständlich nicht ablehnen. Eine Pasta – und noch dazu von zwei so hübschen Südtirolerinnen –, das kann nur gut schmecken. Dass mir heute bereits zum dritten Mal ein Mahl angeboten wird, macht mich doch etwas stutzig, offensichtlich wirke ich inzwischen echt schon ausgehungert. Die Schwestern entpuppen sich als ausgezeichnete Köchinnen, drei üppige Teller leere ich, in Kombination mit dem süffigen spanischen Wein, ein immer in Erinnerung bleibender Gaumenschmaus. Da die beiden für ihre Kochkünste von mir nichts annehmen, verspreche ich ihnen, mich bei der nächsten gemeinsamen Rast zu revanchieren.

Der folgende Abend gestaltet sich dann recht amüsant. Das Herbergszimmer ist größtenteils von Österreichern belegt und wird kurzfristig zu einer fröhlichen Massagepraxis umfunktioniert. Von meinem Hochbett aus darf ich das gesellige und muntere Treiben beobachten. Es gibt Rücken- und Fußmassagen, es wird mit nach Marzipan duftender Salbe eingerieben, es wird gelaust, und als Krönung gibt es für alle Zimmergenossen selbstgemachten Glühwein. In der Bergwelt fühlen sich meine Landesnachbarn augenscheinlich an ihre Heimat erinnert. Pilgerherz, was willst du mehr?

Schön, wie der liebe Gott so für mich sorgt!

Dankbarkeit: Triacastela nach Sarria

Seit meinem überstürzten Aufbruch vor drei Tagen von Manjarín, der Chaosherberge hinter dem Cruz de Ferro, habe ich vor allem eines erreicht, ich habe mich voll und ganz auf mich selbst reduziert. Ich war allein mit der Natur, dem Weg und meinen Empfindungen. Frei von Verpflichtungen, frei von alltäglichen Sorgen, habe ich den Zugang zu meinem „Ich" gesucht. Ich ließ mich treiben vom Rhythmus meines Herzens, der in meinem ganzen Körper spürbar war. Bei jedem Atemzug, jedem Herzschlag fühlte ich, wie reich ich auf meiner Reise beschenkt wurde. Dabei habe ich ein extremes Programm bewältigt, habe mir meinen „Camino Duro" erkämpft, habe das reizvolle galicische Hochland durchstreift und ganz bewusst meine Entschleunigung durchbrochen. Ich habe eine riesige Freude am Laufen entwickelt und fühle mich in meinem Element.

Und so bin ich keineswegs überrascht, dass ich heute mit der Vorstellung wandere, mein Pilgerweg könnte eigentlich schon beendet sein. Auf meiner Route zum Kloster San Julián in Samos, einer der ältesten Anlagen der westlichen Welt, geht es durch Wald- und Wiesenlandschaften, die in den kräftigsten Grünschattierungen um die Wette leuchten. Dabei benutze ich die sogenannten „Corredoiras", die Pfade zwischen den einzelnen Weilern. Mein Weg führt vorbei an einer alten Mühle, vor der ein kleiner Fluss aufgestaut ist. Auf den saftigen Wiesen entlang des Flusslaufs können sich die Kühe richtig sattfressen. Im milden Sonnenlicht durchquere ich eine offene, hochgelegene Kulturlandschaft mit teils vom Zerfall bedrohten Einsiedlerhöfen. Zwischendurch unterbricht ein kleiner Wasserfall die Stille dieses Landstrichs. Und wieder gibt die Einsamkeit der Natur und die Monotonie der Bewegung meiner Seele Raum und öffnet den Blick für Wesentliches. Während der vergangenen drei Wochen habe ich viel mehr erreicht, als ich mir erwünscht hatte, und wurde überrascht und belohnt mit unvorstellbaren Erlebnissen und Eindrücken. Nur noch einen gelungenen Abschluss in Santiago wünsche ich mir. Die verbleibenden Tage betrachte ich als ein Auslaufen, als ein Revuepassieren und als Vorfreude auf ein Wiedersehen mit meiner Familie.

Erst als ich kurz nach Passieren des Klosters Samos, das mit seinen mächtigen Mauern etwas versteckt in einer Senke liegt, auf die etwas alternativ angehauchte, etwa gleichaltrige Australierin Melissa treffe, werde ich wieder von der Gegenwart eingeholt. Sie befindet sich auf einem mehrmonatigen Trip durch Europa und hat den Camino nur mal so „eingeflochten". Da sie konfessionslos ist, wandert sie den Jakobsweg nicht aus spirituellen Gründen, sondern vorwiegend wegen der sozialen Kontakte. Sie macht einen eher unzufriedenen Eindruck, scheint auf der Suche nach etwas zu sein, das sie allerdings selbst nicht konkretisieren kann. Gemeinsam nehmen wir die letzten Kilometer bis zum heutigen Etappenziel Sarria in Angriff. Nachdem wir über etliche Treppen den steilen Hügel zur Altstadt hochgestiegen sind, finden wir Unterkunft in einer der zahlreichen Herbergen am Ort.

Und wie schon tags zuvor wird auch heute eine Einladung zu einem selbstgekochten Abendessen ausgesprochen. Melissa möchte für uns beide ein Reisgericht zubereiten, was ich gerne annehme. Vor der an unserer Herberge angrenzenden Bar mache ich es mir gemütlich, widme mich meinen Aufzeichnungen und lasse mich von den Kochkünsten der Australierin überraschen. Eine gute halbe Stunde später kommt sie mit zwei turmhoch gefüllten Tellern an meinen Tisch, und ich brauche nur noch zu essen. Es ist schon schön, wie der liebe Gott für mich sorgt, denke ich, noch nicht wissend, dass Melissa leider zu viele Bohnen in ihr Gericht geraten sind. Mehrmals entschuldigt sie sich für das etwas trocken anmutende Mahl, das jedoch mit Hilfe des einen oder anderen Biers in den Magen gespült werden kann. Ja, man kann eben nicht alle Tage solche Delikatessen serviert bekommen wie beispielsweise die gestrige Pasta. Die nicht gerade geringen Mengen an übriggebliebenem Reis verpackt Melissa in Plastikdosen und will sich morgen an einer anderen Zutatenkreation versuchen. Mal sehen, ob sie dann ein neues Opfer findet. Trotz des verunglückten Essens lade ich die enttäuschte Köchin nach dem gemeinsamen Abspülen zu einem Eis ein.

Die Schreibmanie hat mich erneut gepackt. So nutze ich die Gunst und Stunde, denn die engen Gassen mit winzigen Balkonen, ohne Lichtreklame und Autolärm, und die stimmungsvolle Dämmerung bilden einen harmonischen Rahmen für meine Aufzeichnungen.

Kräuterschnaps und Partystimmung

Vorfreude: Sarria bis Portomarín

Wieder einmal begrüße ich als letzter Pilger den neuen Tag. Einige haben das Zimmer bereits geräumt, die anderen packen gerade ihre Rucksäcke. Auch Melissa ist schon aufbruchbereit. Wir verabschieden uns kurz und wünschen einander einen guten Weg. Ich lasse es sehr gemächlich angehen, denn ich brauche mir nichts mehr zu beweisen. So nehme ich mir noch Zeit für eine Zigarette in der kleinen Grünanlage auf dem Hinterhof der Herberge und für ein Erinnerungsfoto von dem mittlerweile komplett geräumten Schlafraum. Auch nach Verlassen der Herberge habe ich keine Eile, mit einem Milchkaffee und einem riesigen Schokocroissant sitze ich in der morgendlichen Sonne in einem Altstadtgässchen.

Wie ausgestorben wirkt Sarria bereits gegen neun Uhr. Irgendwann wirkt die Stille beklemmend, und ich beginne wieder, mich an den gelben Pfeilen zu orientieren. Es sind leichte Passagen durch teilweise feuchte Wiesengebiete und romantische Hohlwege. In einem abgelegenen Wäldchen gibt es ein kurioses Fotomotiv: der Einkaufswagen eines Supermarktes ist dort abgestellt. Möglicherweise ist es die Hinterlassenschaft eines dieser Spaßpilger, die sich seit den letzten Tagen verstärkt auf dem Camino tummeln. Mit Bussen werden sie von Sehenswürdigkeit zu Sehenswürdigkeit chauffiert. Zwischendurch bevölkern sie bepackt mit ihren winzigen Rucksäckchen, in denen gerade mal Platz ist für einen Flachmann und eine Designersonnenbrille, den Camino über Distanzen von fünf bis zehn Kilometern und verursachen auf den schmaleren Wegabschnitten ein Staurisiko. Unübersehbar nimmt die Wallfahrerdichte von Kilometer zu Kilometer zu. Heerscharen von Pilgern und Pseudopilgern strömen Santiago entgegen, und die kleinen Bars entlang des Weges machen ein gutes Geschäft.

Obgleich ich mich gelegentlich nach der Einsamkeit zurücksehne, um der Begegnung mit den vielen Menschen zu entkommen, vermisse ich meine Pilgerfreunde der ersten Tage. Doch aufgrund meiner längeren Etappen, speziell durch die Bergwelt Galiciens, ist es so gut wie unmöglich, wieder auf den einen oder anderen zu treffen.

Eine willkommene Ablenkung ist eine Gruppe von Spaßpilgern aus dem bayerischen Raum, von denen drei sogar aus meiner Heimatstadt sind, und die ich wenig später in Portomarín treffe. Sie haben es sich auf einer Bank gemütlich gemacht im Schatten der weithin sichtbaren romanischen Kirchenburg der Johanniter, die 1956 – als der Río Miño zu einem See aufgestaut wurde – Stein für Stein abgetragen und 50 Meter höher wieder originalgetreu aufgebaut wurde.

Als ich mich ihnen vorstelle, sind die drei Passauer hellauf begeistert, einen echten Pilger näher kennenzulernen, und bieten mir sogleich einen Kräuterschnaps an, den ich gerne annehme.

„Euch geht's aber saugut hier", reagiere ich scherzend und ergänze: „Von Pilgerstrapazen habt ihr noch nichts gehört."

Als ich dann noch ein Glas Sekt angeboten bekomme, da eine der beiden Frauen heute Geburtstag hat, ist die Partystimmung perfekt. Nun müssen zahlreiche Fotos von uns vieren geschossen werden, schließlich braucht jeder einen Beweis für das Zusammentreffen mit einem richtigen Pilger. So hocken wir fröhlich eine Weile zusammen. Besonderes Interesse erregt meine tägliche Herbergssuche, denn

Der Kilometerstein 100 zwischen Sarria und Portomarín

darüber müssen sie sich keine Gedanken machen. Als ich ihnen anbiete, einfach mit mir zu kommen, ist ihnen ihre Reisegruppe mit komfortablem Bustransfer doch lieber. Und vor allem möchten sie heute abend noch in Santiago ankommen. Für mich sind es hingegen noch vier Tage Fußmarsch.

Am frühen Nachmittag, nach einer ausgiebigen Dusche und einer kleinen Brotzeit, geselle ich mich zu einigen mir bekannten Pilgern, die sich auf den Stufen der imposanten Wehrkirche niedergelassen haben. Ich muss nicht lange überredet werden, um nach etlichen hundert Kilometern Pilgerweg auf das immer näher kommende Ziel anzustoßen – und die Rückkehr in den Alltag! Irgend jemand hat einmal treffend formuliert: „Auch wenn du noch so weite Wege gehst, du kehrst in deinen Alltag zurück."

Abwarten und Kaffeetrinken

Gelassenheit: Portomarín bis Palas de Rei

*H*eute Morgen wache ich mit starken Schmerzen in meinem rechten Schienbein auf. Die ganze Nacht über habe ich schon ein deutliches Ziehen vernommen. Völlig unerklärlich ist mir dieser neuerliche Schmerz, denn während der kräftezehrenden Bergetappen und auch an den Tagen danach war ich annähernd beschwerdefrei. Mich bedrückt der Gedanke, möglicherweise nochmals pausieren zu müssen. Dabei versuche ich, gelassen zu reagieren und nicht gleich auf die Piste zu drängen.

So begebe ich mich ins nächste Café, bestelle mir mein Lieblingsfrühstück und warte zunächst einmal ab. Überraschenderweise fällt mir diese Entscheidung nicht schwer, ein weiteres Mal akzeptiere und erlebe ich meine Entschleunigung in ihrer extremen Form.

Erst vor einigen Tagen hat mich ein Weggefährte, mit dem ich über die Entschleunigung sprach, gefragt, was das Ergebnis totaler Entschleunigung ist. Damals antwortete ich, dass es der Stillstand sein muss. Aber die heutige, meinem Körper auferlegte Pause empfinde ich keineswegs als Stillstand, im Gegenteil, ich erkenne sie als Fortsetzung meines Lernprozesses auf dem Camino. Ich habe gelernt, auf meine innere Stimme zu hören, und wünsche mir sehnlichst, diese neu entdeckte Form des bereitwilligen Akzeptierens in meinen Alltag hinüberretten zu können.

Nun sitze ich hier im Straßencafé und wundere mich, dass ich völlig unbeeindruckt zusehen kann, wie meine Mitpilger der letzten Wochen vorbeiziehen. Unweigerlich muss ich an Sahagún denken, als ich das erste Mal pausierte. Damals habe ich lernen müssen, eine unabänderliche Situation hinzunehmen, doch heute erscheint es mir ganz einfach. Ich bestelle mir einen zweiten Kaffee und überlege, ob ich mich noch einmal meinen Tagebuchaufzeichnungen widmen soll.

Vor einer Woche habe ich mit Beatrix über meine Bedenken gesprochen, plötzlich nicht mehr weiterschreiben, meine Gefühle und Erlebnisse nicht mehr abrufen und ausdrücken zu können. Ich habe mir angewöhnt, alle Geschehnisse erst nach vier bis fünf Tagen zu Papier zu bringen, nachdem ich sie auf den folgenden Etappen nochmals habe wirken lassen, sie verarbeitet und zum Teil verinnerlicht habe. Gespannt krame ich meinen Notizblock hervor und will mich aufs Neue überraschen lassen.

Erst gestern am späten Nachmittag habe ich versucht, meine teilweise schon über eine Woche zurückliegenden Erlebnisse nachzuschreiben – allerdings ohne den gewünschten Erfolg. Denn nach unserer feuchtfröhlichen Feier konnte ich mich nicht mehr konzentrieren und brachte nichts zu Papier. So entschuldige ich mich erst einmal bei meinem Tagebuch, dass ich gestern versucht habe, im angeheiterten Zustand meine Erlebnisse festzuhalten. Und dieses Eingeständnis macht mich erstaunlicherweise frei. Ich merke, wie die zurückliegenden Tage noch einmal lebendig werden und sich die Seiten fast von selbst füllen. Bis um die Mittagszeit notiere ich die Geschehnisse, dann erst lege ich meinen Stift beiseite.

Entspannt verlasse ich schließlich das Café und bemerke schon auf dem kurzen Weg zum Supermarkt, in dem ich mich mit dem Nötigsten eindecke, dass meine Schmerzen beinahe verschwunden sind. Durch das Nachholen meiner Aufzeichnungen wurde vielleicht nicht nur mein Drang zum Schreiben befriedigt, sondern unbewusst wurden auch meine verspannten Gliedmaßen gelockert, eine innere Blockade gelöst. Unwillkürlich erinnere ich mich an Sonjas Therapie und ihre esoterische Sichtweise. „Bin ich inzwischen schon infiziert?" denke ich leicht amüsiert.

Unterdessen beobachte ich die ersten neu einlaufenden Pilger, die sicherlich schon in morgendlicher Dämmerung im Schein der Taschenlampe aufgebrochen sind. Und da ich wenig Lust verspüre, eine weitere Nacht in derselben Herberge zu verbringen, entscheide ich mich, Portomarín zu verlassen und eine neue Etappe zu starten.

Inzwischen haben sich meine Beschwerden völlig verflüchtigt, und ich bin hoffnungsfroh, dass dies so bleiben wird. Wie an meinem ersten Pilgertag, als ich von Puente la Reina erst am frühen Nachmittag zu einer neuen Etappe aufgebrochen bin, ist der Camino jetzt menschenleer. Voraussichtlich zum letzten Mal habe ich die Piste für mich allein – sogar die Bars sind mittlerweile pilgerfrei. Zugleich sehe ich mein Ziel Santiago in großen Schritten näherkommen, und in mir steigt nach den bewusst gewählten Tagen der Selbstfindung wieder die Sehnsucht nach der Geborgenheit und Vertrautheit einer Gruppe.

Das Land scheint flacher, der Horizont weiter zu werden. Schnellen Schrittes passiere ich alte, noch weitgehend erhaltene Dorfanlagen mit den typischen Maisspeichern und den zumeist romanischen Kirchen. Ihre Naturbelassenheit verdanken sie ironischerweise der Stadtflucht, denn wie viele Ortschaften in der spanischen Provinz leiden sie stark unter Entvölkerung, so dass etliche der schlichten Natursteinhäuser zum Verkauf angeboten werden oder dem Verfall preisgegeben sind.

Am späten Nachmittag, nach insgesamt 26 schmerzfreien Kilometern, erreiche ich Palas de Rei und steuere gleich die erste Herberge noch außerhalb der Altstadt an. Abends vor dem Einschlafen habe ich nur noch einen Gedanken: Von ganzem Herzen wünsche ich mir eine kleine Gruppe, einige nette Pilger, mit denen ich die letzten Tage gemeinsam verbringen kann, mit denen ich lachen darf, und mit denen ich in Santiago ankommen möchte. Und ich bete darum.

*P*apierunterhosen und ein *L*och in der *A*ura

Erfüllung: Palas de Rei bis Ribadiso

Obgleich es keinen konkreten Anlass gibt, fühle ich mich schon frühmorgens gereizt und unausgeglichen. Unerklärlich missmutig krame ich meine Sachen zusammen, stopfe wie gewohnt alles in den Rucksack und verlasse die Herberge. Nach ungefähr zweihundert Metern bemerke ich meine fehlenden Wanderstöcke, also zurück zur Herberge und von Neuem starten.

Mir erscheint es ratsam, zunächst einmal in aller Ruhe zu frühstücken. In der Altstadt angekommen, steuere ich das nächste Café an, aber auch die Aussicht auf einen wärmenden Milchkaffee beeinflusst meine Stimmung nicht positiv. Erst kommt es mir wie eine Ewigkeit vor, bis die Bedienung auf mich reagiert, und dann schmeckt mir mein so geliebtes Gebäck nicht. Wahrscheinlich ist es am heutigen Sonntag nicht mehr ganz frisch. Ich schütte meinen Kaffee in mich hinein – dabei muss ich immer wieder an einen mit zwei Pilgerinnen besetzten Tisch blicken. Ich kann das Café nicht verlassen, bevor ich nicht mit den beiden gesprochen habe. Intuitiv gehe ich zu ihnen und frage nur kurz: „Seid ihr Deutsche?" Nachdem sie bejaht und wir uns vorgestellt haben, werde ich sofort von Gudrun freundlich aufgefordert, mich zu ihnen zu gesellen.

Im Verlaufe unseres Gesprächs darf ich gleich feststellen, dass sich die beiden völlig unbefangen zeigen. Sofort werde ich aufgeklärt, dass ich noch am Tresen stehend bereits Gesprächsthema war. Irmgard hat gemeint: „Wenn der gekämmt wäre und ein bisschen Wasser ins Gesicht geschlagen hätte, sähe der ganz vernünftig aus."

Und Gudrun hat ihr entgegnet: „Aber der hat doch so traurige Augen."

„Aber ich hab doch keine traurigen Augen", sage ich zu ihr, aber Gudrun beharrt auf ihrem Eindruck.

Schon bald kommt Gudruns Lieblingsfrage, die sie, wie ich noch bemerken werde, vielen Pilgern stellt: „Wo bist du gestartet?" Etwas verwundert antworte ich nur kurz: „In Pamplona." „Und sag mal, wie viele Kilometer sind das bis Santiago?" lautet ihre zweite bevorzugte Frage. Als ich die Entfernung in Kilometern nenne, imponiert ihr das mächtig. „Und das bist du alles gelaufen?" will sie jetzt wissen. „Fast", antworte ich wiederum einsilbig. Zunächst bin ich über dieses Frage- und Antwortspiel leicht irritiert, doch als Gudrun von ihrem erst vor zwei Tagen in Sarria erfolgten Start berichtet, ahne ich, dass da jede Menge Fragen in ihr schlummern. Sie erzählt weiter, bereits jetzt zu wissen, dass die für ihren Pilgerabschnitt eingeplanten vierzehn Tage viel zu hoch veranschlagt sind. Sie ist überrascht, wie leicht ihr der Weg fällt, und bereut schon, den Camino nicht weiter hinten begonnen zu haben. Bevor sie sich auf das Pilgern richtig eingestellt hat, ist Santiago bereits erreicht. Irmgard ist in Burgos gestartet, also seit drei Wochen unterwegs, und wird von Gudrun genau wie ich in gleichem Maße bewundert wie beneidet.

Gemeinsam trinken wir noch einen Kaffee und verlassen die Bar. Für mich ist es eine ähnliche Situation wie vor drei Wochen mit Pumuckl und Schiddi: Ich schließe mich den Frauen einfach an. Und genau wie damals habe ich das Gefühl, dass die Chemie stimmt und eine gegenseitige Sympathie spürbar ist. Zwischen den beiden Frauengruppen gibt es erstaunliche Parallelen: Gudrun ist nicht nur in Pumuckls Alter, sondern wie diese auch die Gesprächigere. In jeder Gruppe ist eine Rothaarige: Pumuckl und Irmgard. Den

Trittsteinvariationen

trockeneren Humor haben jeweils die Jüngeren, nämlich Irmgard und Schiddi. Allerdings gibt es einen sehr großen Unterschied zwischen den Frauen: Pumuckl und Schiddi sind beide Schwergewichte, während Gudrun und Irmgard gertenschlank und sportlich fit sind und über einige Trekkingerfahrungen verfügen.

Unser gemeinsamer Weg führt uns hinaus aus der Stadt und im weiteren Verlauf durch sehr reizvolle Teilabschnitte. Wir durchlaufen ein Feuchtgebiet, in dem uns Trittsteine über das Wasser helfen, passieren kleine Wäldchen und immer wieder urige Ortschaften. Vorbei an Ginstern, Farnen und Wegkreuzen gelangen wir in Heidelandschaften, und die ersten Eukalyptusbäume mischen sich in die Vegetation. Nebenbei finden wir viel Zeit für Gespräche. Vor allem Gudrun hat etliche Fragen und ist tief beeindruckt von den Geschehnissen und Begegnungen rund um den Camino, besonders von den Pilgern, die größere Distanzen zurückgelegt haben als sie – und das sind nahezu alle. Aber sie hat auch jede Menge Geschichten zu erzählen, denen Irmgard und ich gespannt lauschen.

So berichtet sie von einer ehemaligen Pilgerin aus ihrer Heimatstadt, die sie informiert hat, dass der Jakobsweg kein Zuckerschlecken ist, man sich in der Regel von Brot und Wasser ernährt und Zurückhaltung in jeder Hinsicht angesagt ist. Man ist ja schließlich nicht auf einer kulinarischen Vergnügungstour, sondern auf einem Pilgerweg, bei dem Verzicht und Strapazen zwangsläufig dazugehören. Nun kann man sich lebhaft vorstellen, wie Gudruns mentale Einstellung ist. Dass dann ausgerechnet ihre erste nähere und für sie prägende Bekanntschaft auf dem Camino in der Person von Frau Edeltraud, wie sie respektvoll von ihr bezeichnet wird, gerade diese Entbehrungen vorlebt, und Gudrun sich als unerfahrene Pilgerin davon anstecken lässt, das ist als Einstieg schon ein besonderer Härtetest. Fast zwei Tage lang hat sie sich an diese Regeln gehalten und nichts Herzhaftes mehr gegessen. Sie hat schon befürchtet, irgendwann vor lauter Hunger und Schwäche nicht mehr in der Lage zu sein, ihren Rucksack zu schultern. Doch glücklicherweise ist sie jetzt auf zwei erfahrene Pilger gestoßen, denn Irmgard und ich haben keinerlei Ambitionen, uns nach wochenlangen Märschen noch in irgendeiner Form zu kasteien. Wir haben die Entbehrungen des Weges schon kennengelernt und freuen uns auf den krönenden Abschluss in Santiago.

Nachdem wir über eine malerische alte Bogenbrücke das mittelalterliche Furelos passieren, erreichen wir gegen Mittag die geschäftige Kreisstadt Melide und schlendern über den Markt mit einem überreichen Angebot an Obst, Gemüse, Fleisch und Käse aus der Region. An einem Stand können wir dem selbstgebackenen Käsekuchen nicht widerstehen. Ich verspeise das köstlich duftende Gebäck sofort, während meine Begleiterinnen sich ihre Portion erst in der nächsten Bar mit einem Milchkaffee einverleiben wollen. Insgeheim hoffe ich, dass bei den riesigen Stücken noch ein Rest für mich übrigbleibt.

Im weiteren Etappenverlauf erzählt Gudrun, die noch im fortgeschrittenen Alter promoviert hat, wiederum aus ihrem Leben, von ihrem wissenschaftlichen Buch, an dem sie fünf Jahre gearbeitet hat und das erst kurz vor Antritt ihrer Pilgerreise veröffentlicht worden ist. Sie will auf dem Jakobsweg Abstand gewinnen, sucht aber auch die sportliche Herausforderung. Dass dann während ihres Weges andere Aspekte immer mehr Bedeutung gewinnen, wird ihr ganz persönliches Geschenk, das sie überaus dankbar annimmt. Immer wieder bestätigt sie Irmgard und mir, wie froh sie ist, uns getroffen zu haben, und wie wohl sie sich in unserer Gesellschaft fühlt.

Von ganz anderem Naturell ist die gut 1,80 Meter große und mit einer roten Löwenmähne ausgestattete Irmgard, die zwei konträre Charakterzüge in sich vereint. Einerseits darf ich eine immer wieder in sich gekehrte Irmgard kennenlernen, die ihre Zeit auf dem Weg nutzt, um über die Komplexität ihres Lebens reflektieren zu können. Dann lässt sie sich aus unserer kleinen Gruppe zurückfallen und trottet ihren eigenen Weg. Seit vielen Jahren arbeitet die gelernte

Erzieherin mit geistig behinderten Erwachsenen. In einem Projekt „Betreutes Wohnen" begleitet und unterstützt sie diese Menschen auf dem Weg in eine selbständige Wohngemeinschaft. Diese verantwortungsvolle Aufgabe kostet sie bisweilen viel Energie, und der Jakobsweg ist ihrer Ansicht nach prädestiniert, ihre „Batterien" wieder aufzuladen. Andererseits gibt es diese burschikose und resolute Irmgard, die kein Blatt vor den Mund nimmt und völlig ungeniert aus ihrem Leben berichtet. Sie hält mit ihrer Meinung nicht hinter dem Berg, sucht nicht lange nach ausgewählten Formulierungen, sondern quatscht frisch und fröhlich drauflos. So berichtet sie beispielsweise von ihren Papierunterhosen, die sie sich speziell für den Camino zugelegt hat, und behauptet von sich, ein Loch in der Aura zu haben. Übrigens nicht nur Irmgard trägt ungewohnte Unterwäsche. Auch Gudrun, die von Kilometer zu Kilometer in ihren Ausdrücken lockerer wird, hat extra Unterhosen aus Mikrofaser gekauft, die bisweilen verrutschen, wie sie uns unbedingt mitteilen muss.

Endlich können wir in der langersehnten Bar unseren Milchkaffee schlürfen, und selbstverständlich fällt von dem vorzüglichen Käsekuchen auch noch für mich was ab. Nach dieser Stärkung schaffen wir problemlos das letzte Teilstück bis zu unserer idyllischen, an einem Flusslauf gelegenen Herberge in Ribadiso, wo sich schon etliche Pilger eingefunden haben. Viele nutzen den herrlichen Sonnenschein mit einer kräftigen Brise, um einen letzten Waschtag einzulegen, denn die Leine ist voll bestückt. Am Abend unseres ersten gemeinsamen Tages werden wir mit einem vorzüglichen Pilgermenü belohnt. Vor dem Einschlafen bin ich sehr froh, auf diese beiden Frauen gestoßen zu sein.

Vollgestopft und ausgesperrt

Ausgelassenheit: Ribadiso bis Pedrouzo-Arca

Es ist ein angenehmes Gefühl, von vertrauten Menschen mit einem „Guten Morgen" begrüßt zu werden. Und noch schöner ist es, wenn sich gleich hinter der Herberge eine Bar befindet, in der man gemeinsam gut frühstücken kann und so nicht mit leerem Magen starten muss. Wie gerufen treffe ich dort die beiden Südtiroler Schwestern, Helga und Sabine, denen ich seit Triacastela nicht mehr begegnet bin, und kann ihnen endlich das versprochene Frühstück servieren und mich damit für die Einladung zum Pastaessen revanchieren.

Bei angenehmen Temperaturen und Sonnenschein mache ich mich mit Gudrun und Irmgard zum vorletzten Mal auf den Weg. Es ist ein unbeschwertes Wandern, und die Vorfreude auf das bald erreichte Ziel ist spürbar. Denn nach Hunderten von Kilometern und den vielen intensiven Eindrücken auf dem Weg möchte ich nur noch eines: ankommen. Anstrengende Streckenabschnitte liegen nicht mehr vor uns, und die reizvollen Passagen durch Eukalyptuswälder lassen keine Langeweile aufkommen. Und das Erfreulichste ist, dass wir drei diese Etappe gemeinsam bewältigen dürfen, denn längst hat sich eine wohltuende Vertrautheit entwickelt. Bis nach Arca stehen nur 24 Kilometer auf dem Programm, keine nennenswerte Herausforderung für wandererfahrene Beine. Längst ist das Gehen zum Automatismus geworden, jeder Schritt eine Selbstverständlichkeit. Die Wegsteine mit ihren Entfernungsangaben, die jetzt alle 500 Meter auftauchen, verweisen permanent auf Santiago.

Selbstverständlich gilt es auch heute den Wissensdurst von Gudrun zu stillen. Immer wieder fragt sie nach unseren Erlebnissen in den zurückliegenden Wochen und möchte teilhaben an unserem Pilgerleben, den überstandenen Strapazen und den magischen Momenten. Zum letzten Mal darf ich meine Geschichten erzählen und rufe sie für meine wissensdurstige Begleiterin ab. So lasse ich alle nochmals Revue passieren: Irene, der leibhaftige Pumuckl; Schiddi mit den gesalzenen Bananen; Jack, der irischer Eigenbrötler; Dominik mit dem Salbentick; Esteban, mein spanischer Wanderfreund; Beatrix, die aufgeschlossene Kärntnerin, und Sonja mit der esoterischen Ader. Fast neidvoll lauscht Gudrun den Erzählungen, gibt aber deutlich zu verstehen, wie sie sich für uns freut, die vielen interessanten Begegnungen erlebt zu haben, denn das Treffen auf Gleichgesinnte macht den besonderen Reiz des Pilgerns aus. Und immer wieder bedauert sie, einen zu kurzen Wegabschnitt gewählt zu haben.

So nähern wir uns Arca, und vor allem nähern wir uns unserer letzten Herberge auf dem Camino. Für mich sind es insgesamt 25 Übernachtungen, und ich habe es geschafft, nur in Refugien zu schlafen, kein einziges Mal in einer Pension oder in einem Hotel, obwohl ich einmal versucht war. Morgen in Santiago, da bin ich sicher, werde ich mir ein Zimmer in einer schönen Pension gönnen.

In der angesteuerten Herberge entdecken wir einige unbelegte Betten in einer Zimmernische, was uns auf eine ruhige Nacht etwas abseits von den anderen Pilgern hoffen lässt. Nur zwei schwergewichtige Österreicherinnen belegen die übrigen freien Schlafstellen. Nach dem Duschen erkunden wir drei das kleine Städtchen und treffen Claudia, die immer nach Essen ausschauhaltende nette Schwäbin, die mir vor einigen Tagen den Rest ihres Monstersandwiches angeboten hat. Selbstverständlich hat sie sich gleich nach ihrer Ankunft in dem kleinen Supermarkt mit Proviant versorgt. Genüsslich knabbert sie gerade an einem Schokoriegel, was sie aber nicht davon abhält, sich gemeinsam mit uns noch ein Pilgermenü einzuverleiben. Nach einer hervorra-

Irmgard und Gudrun – zwei starke Frauen

gend mundenden Linsensuppe als Vorspeise werden wir
beim anschließenden Hauptgang mit Bergen von Spareribs
und zartestem Zickleinfleisch, mit frischem Gemüse und
Bratkartoffeln, sowie gemischten Salat eingedeckt. Zum
Runterspülen des überreichen Speiseangebots dient der
obligatorische Rotwein. Als Nachtisch erhalten wir noch
Eiscreme. Bis oben hin zugeschaufelt verlassen wir nach
gut einer Stunde das Restaurant und machen uns auf den
Rückweg. Während ich mit Gudrun und Irmgard vor der
Herberge noch ein kühles Bier genieße, kommt Claudia
plötzlich auf mich zu und stopft mir ohne Vorwarnung eine
halbe Nussschnecke in den Mund. Auf ihrem Rückweg vom
Restaurant ist sie an einer Bäckerei vorbeigekommen und
konnte natürlich den angebotenen deutschen Hefeteigwa-
ren nicht widerstehen.

„Zum ‚Schaffe, schaffe, Häusle baue' wirst du mal nicht kommen, wenn du alles verfrisst", gebe ich ihr noch mir vollem Munde zu verstehen.

„Ist mir egal, Hauptsache ich habe genug zu essen", lautet die Antwort der immer noch schlanken, genüsslich an ihrer Hefeschnecke kauenden Schwäbin.

Jedenfalls kann man sich gut vorstellen, dass ein so reichhaltiges Mahl schwer im Magen liegt, und deshalb an eine ungestörte Nachtruhe erst mal nicht zu denken ist. Unruhig wälze ich mich hin und her. Beträchtlich erschwert wird das Einschlafen zusätzlich durch die lautstarken Geräusche der beiden Österreicherinnen. So bleibt mir bei meiner letzten Herbergsübernachtung ein weiteres Schnarchkonzert nicht erspart. Furchtbares Geschnaufe und Gegrunze hallt in unserer kleinen Zimmernische wider. Ich komme mir vor wie auf einem „Schweinchen Dick Festival". Irgendwann gegen ein Uhr ist meine Schmerzgrenze erreicht, ich schleiche mich durch den großen Schlafsaal und rauche draußen vor der Herberge eine Zigarette. Auch die nächsten Stunden auf meinem Bett verbringe ich als Drehorgel, von einer Seite auf die andere und dann zurück. Gegen vier Uhr bin ich dann bereit für eine weitere Zigarette. Doch schon zuvor habe ich gemerkt, dass auch Gudrun, die im Bett unter mir liegt, bei dieser Lärmbelästigung keine Ruhe findet.

Im Flüsterton frage ich, ob sie mit mir „eine rauchen will".

„Ja, geht denn das überhaupt?" fragt sie erstaunt zurück.

„Sowieso, wir sind doch nicht im Gefängnis", entgegne ich insgeheim schmunzelnd.

Leise und langsam schleichen wir tastend durch den dunklen Schlafsaal hinaus ins Freie. Wir sind kaum draußen, da fällt hinter uns die Tür ins Schloss – wir sind ausgesperrt. Vergeblich versuchen wir, zu rütteln und zu ziehen. Doch es hilft nichts. Erst einmal eine Zigarette anzünden, dann weitersehen, denke ich. Gemeinsam suchen wir nun nach einer Möglichkeit, wieder in die Herberge zu gelangen. Doch keine Chance. Einer meiner ersten Gedanken ist, dass wir uns in einer ähnlich fatalen Situation wie Hape Kerkeling befinden. Auch er war ausgeschlossen und musste einige Stunden im Freien verbringen.

Doch nach kurzen Assoziationen werde ich schnell wieder in die Realität versetzt. Es ist nämlich empfindlich kühl, und ich stehe hier draußen in meinen Badelatschen, nur mit T-Shirt und kurzer Hose bekleidet. Gudrun hat sich wenigstens noch einen Anorak übergezogen. Fröstelnd wandern wir die Straße auf und ab und finden keine Lösung für unsere missliche Lage. Als wir uns bereits damit abgefunden haben, draußen zu frieren, bis sich die ersten Pilger auf den Weg machen, entdecke ich ein Fenster, das sich aufschieben lässt und durch das ich einsteigen kann. Nach einer Stunde in der Kälte ist unser nächtliches Abenteuer glücklicherweise beendet. Eingehüllt in unsere wärmenden Schlafsäcke finden wir noch knapp zwei Stunden Schlaf.

Noch einmal „Buen Camino"

Ungeduld:
Pedrouzo-Arca bis Santiago de Compostela

Endlich ist er da. Unser letzter Tag auf dem Camino. Wochenlang haben wir ihm entgegengefiebert. Und jetzt können wir uns gar nicht vorstellen, dass bald alles vorbei sein soll. Unser Ziel Santiago ist zum Greifen nahe. Ein letztes Mal wird alles in den Rucksack gestopft, ein letztes Mal wird kontrolliert, ob auch nichts liegengelassen ist, und ein letztes Mal wünschen wir uns beim Verlassen der Herberge „Buen Camino".

Ein letztes gemeinsames Frühstück in einer der zahlreichen Bars, und dann ab auf die Piste. Irmgard macht sich als erste auf den Weg, sie möchte noch ein paar Kilometer für sich allein haben. Dabei sind wir ganz sicher, dass der Camino unser Trio bald wieder zusammenführen wird. Etwas übermüdet von unserem nächtlichen Abenteuer starte ich mit Gudrun kurze Zeit später. Beim Hinausmarschieren aus dem Städtchen übersehen wir anscheinend eine Markierung und müssen für einige Kilometer etwas genervt mit einer viel befahrenen Landstraße vorliebnehmen. Schließlich sind wir froh, wieder auf dem Pilgerweg zu landen. Durch wunderschöne schattige Hohlwege leiten uns die gelben Pfeile, und als dann die erste Bar auftaucht, sind wir auch wieder komplett. Unter dem strahlendblauen Himmel gönnen wir uns ein zweites Frühstück und scherzen mit den Pilgern an anderen Tischen. Es herrscht eine ausgelassene und fröhli-

180

che Stimmung, und bei allen ist nicht nur Vorfreude, sondern auch eine gewisse Ungeduld des Näherkommens spürbar.

Ich sitze gerade allein am Tisch, da Gudrun und Irmgard sich schon marschbereit machen, als aus Richtung der tiefstehenden Vormittagssonne eine Wandergruppe auftaucht, die ich mir während der letzten Tage mehrmals herbeigesehnt habe. Doch dass daraus Wirklichkeit werden würde, damit habe ich nie gerechnet. Ich springe sofort auf und laufe der Gruppe entgegen. Mit kräftigen Handschlägen und Umarmungen werden der Reihe nach Beatrix und ihre kanadischen Freunde begrüßt. Gudrun und Irmgard wissen sofort, dass ich auf Pilger getroffen bin, die mir auf meinem Camino sehr viel bedeuten. Ganz stolz stelle ich ihnen meine Freunde vor, die sie bislang nur aus meinen Erzählungen kennen. Ich entschließe mich, noch eine Weile bei dieser Gruppe zu bleiben, und will später wieder zu Gudrun und Irmgard auflaufen.

Beatrix möchte natürlich sofort wissen, wie es mir während der letzten Woche ergangen ist und wie es um meine Tagebuchaufzeichnungen bestellt ist. So berichte ich ihr über meine großen Bergetappen, über die Zeit, die ich für mich selbst brauchte, aber auch über meine Wünsche nach einer netten Gruppe. Für morgen mittag verabreden wir uns zur Pilgermesse in Santiago, da sie mit ihren Freunden erst am nächsten Vormittag dort ankommen will. Kurz darauf nehme ich dann die Verfolgung der beiden Frauen auf. Wo denn sonst als in der nächsten Bar, habe ich sie schon wieder eingeholt. Ich stärke mich mit einem riesigen Bocadillo, und gemeinsam machen wir uns auf die letzten Kilometer.

Wie auf einer Völkerwanderung kommen wir uns vor, immer dichter wird der Pilgerstrom. Wir marschieren vorbei am Studio Santiago, dem Sitz des galicischen Fernsehens, und nähern uns dem Monte do Gozo, dem „Berg der Freude", auf dem ein beeindruckendes Monument an den Papstbesuch von 1993 erinnert und von dessen Gipfel sich ein weiter Blick über Santiago eröffnet. Wie unzählige Pilger vor mir sehe ich zum ersten Mal das ersehnte Ziel, dem ich seit vier Wochen entgegenlaufe. Eine Weile benötige ich, um zu realisieren, dass mein Weg bald zu Ende sein wird. Obgleich von einer stillen Würde an diesem Ort wenig zu verspüren ist, halte ich gedanklich einige Momente inne, in denen viele Erlebnisse meines ganz persönlichen Camino an meinem inneren Auge vorüberziehen.

Eine gute halbe Stunde später befinden wir uns mitten im Straßengewirr der quirligen Stadt. Nach vier Wochen in der Natur und tagelangen, teils einsamen Märschen wirken Lärm und Hektik befremdlich. Jetzt noch durch die Altstadt, vorbei an kleineren Plätzen und durch enge Gassen, und dann steht sie vor uns, die Kathedrale von Santiago. Wir sind am Ziel unserer Pilgerreise. Wir schreiten über den großen Platz und lassen das mächtige Gotteshaus und die uns umgebende Atmosphäre auf uns wirken. Zu dem Gefühl der Freude, das gesteckte Ziel erreicht zu haben, gesellt sich auch ein leiser Anflug von Traurigkeit, dass nun alles vorbei sein soll. Allzu gerne bin ich den gelben Pfeilen gefolgt.

Die Kathedrale jedoch möchte ich erst morgen mittag zur Pilgermesse betreten. So machen wir uns nun auf ins nahe Pilgerbüro, um uns die Bestätigung für unsere Pilgerreise, die „Compostela", zu beschaffen. Gegen Vorlage des Pilgerpasses erhalten wir in freudig-aufgeregter Stimmung unsere ganz persönlichen Urkunden.

Ganz stolz, mit der durch eine Papprolle geschützten Urkunde in der Hand, verlassen wir das Pilgerbüro. Sogleich werden wir von mehreren Personen angesprochen, die uns private Übernachtungsmöglichkeiten vermitteln wollen. Ein regelrechter Wettstreit ist darüber entfacht. Kurzfristig entscheiden wir, unsere letzte Nacht gemeinsam in einem Dreibettzimmer zu verbringen. In der Nähe der Kathedrale finden wir eine preiswerte und saubere Unterkunft, in der wir uns sehr wohl fühlen. Seit Wochen die erste Nacht in einem duftenden Federbett!

Es ist gerade fünf Minuten vor 16 Uhr, und ich erinnere mich an den älteren Herren, der vor genau zwei Wochen

Die Kathedrale von Santiago de Compostela

in der Herberge von Villar de Mazarife nach dem Paellaessen aufgestanden war und alle Anwesenden, die sich am 10. Juni um 16 Uhr an der Treppe vor der Kathedrale in Santiago einfinden werden, zu einem gemeinsamen Essen eingeladen hat. Natürlich ist es reiner Zufall, dass ich exakt an diesem Tag und um diese Uhrzeit hier in Santiago bin, und gerade deswegen interessiert es mich brennend, ob er sein Versprechen einhalten wird. Von unserem Zimmer aus brauche ich genau diese fünf Minuten bis zum angegebenen Treffpunkt, und so verabschiede ich mich kurz von Gudrun und Irmgard und mache mich auf den Weg. Punkt 16 Uhr bin ich an der Kathedrale. Den älteren Mann kann ich in dem Menschengewirr erst mal nicht entdecken, aber von den 45 Pilgern, die beim besagten Paellaessen dabei waren, haben sich noch drei weitere an dieses Versprechen erinnert. Gut 20 Minuten warten wir an der Treppe, aber den älteren Herren können wir nicht ausfindig machen. Irgendwann geben wir auf, und ich kehre mit drei gekühlten Bierdosen zurück in unsere Privatunterkunft.

Gudrun und Irmgard haben in der Zwischenzeit geduscht, und ich sehe zum ersten Mal eine Frau in Papierunterhosen. Auch der Fön von Gudrun kommt jetzt zum Einsatz. Den ganzen Weg über hat sie ihn mitgeschleppt, und nun darf sie sich vor einem großen Spiegel die Haare stylen. Nachdem auch ich mich ausgehfein gemacht habe, erkunden wir die Altstadt, kaufen Souvenirs und genehmigen uns zwei Flaschen Wein vor einem Restaurant in der touristischen Flaniermeile. Immer wieder treffen wir auf vertraute Pilgergesichter, tauschen uns aus und gratulieren uns zu unserem Erfolg. In angeheiterter Stimmung und ziemlich ausgehungert steuern wir ein edles Fischlokal an, in das uns Gudrun unbedingt einladen will. Gerne nehmen Irmgard und ich dieses Angebot an. Bei einer landestypischen, opulenten Paella, natürlich in Verbindung mit einer angemessenen Menge Wein, geht es uns richtig gut, und wir sind in euphorischer Stimmung.

Obgleich das Gefühl, angekommen zu sein, sich noch nicht einstellen will, werden Ab- und Weitereisepläne zum beherrschenden Gesprächsthema. Gudrun, die ihren Rückflug eigentlich erst in einer Woche hat, will unbedingt versuchen, möglichst bald nach Hause zu kommen. Für sie ist ihr Camino zur vollen Zufriedenheit verlaufen, und ohne uns möchte sie nicht mehr länger in Galicien verweilen. Gleich morgen früh plant sie am Flughafen die Umbuchung. Irmgards Rückflug ist übermorgen, und somit darf sie noch einen weiteren Tag in Santiago bleiben. Meine Pläne sehen vor, mich morgen in den Zug nach Vigo zu setzen, um von dort die Weiterreise in Richtung Porto anzutreten. Den Abschluss meiner Reise soll ein viertägiger Aufenthalt bei sehr guten Freunden im Norden von Portugal bilden. Von dem langen Tag und dem vielen Wein ermüdet, gehen Gudrun und Irmgard relativ früh schlafen, während ich mit einigen

Pilgern, unter anderen mit meinem „Horst aus dem Bayerischen Wald", der mir auf meinem langen Weg nach Calzadilla de la Cueza begegnet war und der immer noch aus Köln stammt und auf den Namen „Falk" hört, in die laue Nacht hineinfeiere. Als ich heimkehre, schlafen die Frauen schon selig.

*M*an geht nie allein!

Ergriffenheit: Santiago de Compostela

*H*eute erwache ich mit einer Mischung aus Euphorie und Vorfreude – aber auch Wehmut. Vorfreude auf das Zusammentreffen mit den vielen Pilgern, die genauso wie ich in den letzten Wochen den Weg nach Santiago bestritten haben, und darauf, in der Gemeinschaft zu danken, dass ich auf diesen Weg so viel erleben und empfangen durfte. Ein letztes Mal kann man sich in die Arme nehmen, sich zum Erfolg gratulieren und sich einfach darüber freuen, einander begegnet zu sein. Gleichzeitig gilt es aber auch, sich zu verabschieden und dem anderen einen guten Weg nach dem Camino zu wünschen. Viele Erinnerungen werden im Laufe der Zeit verblassen, aber einige wenige werden nachhaltig sein und den einzelnen Pilger ein Leben lang begleiten.

Nach einem ausgiebigen Frühstück mit Gudrun und Irmgard schlendere ich durch die imponierende Barockstadt zum Bahnhof, um mich nach einer Zugverbindung in Richtung Porto zu erkundigen. Auf dem Rückweg treffe ich ganz überrascht auf den sympathischen Studenten aus Litauen, den ich zum ersten Mal in Astorga gesehen habe, und der sich zeitweilig der Gruppe um Beatrix angeschlossen hat. Später begegneten wir uns in der chaotischen Herberge von Tomás, wo wir nach einer längeren Unterhaltung letztendlich beide vor der uns mehr und mehr gespenstisch anmutenden Atmosphäre flüchteten. Viele Tage hörte und sah ich nichts von ihm, erst kurz vor Santiago erfuhr ich von einem Pilgerkollegen, dass der Litauer angeblich von der Polizei gesucht wurde, was mir ziemlich dubios und unglaubwürdig erschien. Bei unserem unverhofften Wiedersehen umarmen wir uns herzlich und tauschen unsere Erlebnisse aus, dabei bittet er um eine Zigarette. Als ich ihn wenig später auf den vermeintlichen Diebstahl anspreche, merke ich sogleich, ein sensibles Thema berührt zu haben. Er bittet mich um eine weitere Zigarette und ist tatsächlich zu einer Erklärung bereit, die mir wie eine Beichte und eine seelische Befreiung erscheint. Der junge Student ist völlig mittellos und hatte in der Küche einer Bar ohne Bezahlung etwas Essbares entwendet. Er hatte Hunger, aber kein Geld – sozusagen Mundraub. Jetzt kann ich mir auch die fehlende Papprolle für seine „Compostela" erklären, die er ungeschützt in Händen hält. Sicherlich hat er nicht einen Euro für dieses Utensil. Von ihm unbemerkt stecke ich einen Geldschein in meine Zigarettenpackung, die ich ihm beim Abschied überlasse.

Noch ganz unter dem Eindruck dieser tragischen Geschichte wandere ich zum Kathedralenplatz, auf dem sich jetzt immer mehr Pilger einfinden. Auch Beatrix und die Kanadier sind mittlerweile eingetroffen. Nach einem kurzen, heftigen Schulterbeklopfen mit der ganzen Truppe verbringen wir die knappe Stunde Zeit bis zum Beginn der Messe vor einer nahegelegenen Bar. Ziemlich ausgelassen und fröhlich genießen wir unsere letzten gemeinsamen Momente. Auch Gudrun, die gerade vom Flughafen zurückkommt, hat eine positive Nachricht. Noch heute nachmittag kann sie ihre Rückreise antreten und ist darüber mehr als glücklich.

Wenig später ziehen unter stürmischem Glockengeläut gewaltige Menschenmengen in das mächtige Gotteshaus ein. Die Kathedrale ist bis auf den letzten Platz gefüllt. Viele Pilger sitzen auf dem Boden oder auf ihren Rucksäcken. Zusammen mit drei anderen Geistlichen zelebrierte der „Wanderprediger" den Gottesdienst. So nennen Gudrun, Irmgard und ich einen spanischsprechenden Pilger, dem wir in den letzten Tagen auf dem Camino und in den Herbergen immer wieder begegnet sind und der in verschiedenen Orten abends eine stets von Einheimischen und Pilgern gut besuchte Messe hielt. Es fällt nicht leicht, die richtigen Worte für die Atmosphäre während dieser bewegenden Feier zu finden, man schwebt wie in einer anderen Wirklichkeit. Ich weiß nicht, wie viele Besucher Tränen in den Augen haben und wie viele Taschentücher verbraucht werden. Erst allmählich löst sich die ganze Anspannung, und Fassung und Seelenfriede kehren zurück. Es ist einer dieser Momente, in denen die Zeit stillzustehen scheint und man nichts anderes mehr braucht auf dieser Welt.

Während die Weihrauchschwaden des Botafumeiro die Kathedrale erfüllen, durchströmt mich unendliche Dankbarkeit, dass ich diesen Weg gehen durfte und mich neu entdecken konnte. Und ich danke Gott für seine schützende Hand.

Einen Augenblick überlege ich, was mir den Anstoß gegeben hat, diesen Weg zu gehen. Ganz sicher war es das Präsent meiner Frau, das Jakobswegbuch von Hape Kerkeling, das sie mir zu Weihnachten geschenkt hat. Es war ein sehr bescheidenes und trauervolles Weihnachten, damals 2006. Denn sechs Tage zuvor war mein Vater verstorben.

Der Schleier um meine Frage, warum meine Pilgerreise gerade so verlaufen ist, und in welchem Ausmaß und auf welche Art und Weise eine vom mir empfundene Vorherbestimmung meines Weges stattgefunden haben könnte, ist für mich gelüftet:

„Man geht nie allein!"

Nachlese

Auf meinem vierwöchigen Jakobsweg habe ich neue Freunde gefunden, und die haben mich als Freund gewonnen. Mit vielen stehe ich weiterhin in Kontakt, der durch die modernen Kommunikationsmöglichkeiten wesentlich erleichtert wird.

Dominik studiert mittlerweile in meiner Heimatstadt, bei Weizenbier schwelgen wir gelegentlich in Erinnerungen an unsere gemeinsamen Pilgertage. Schon wenige Wochen nach meiner Rückkehr gab es ein unverhofftes, herzliches Wiedersehen mit Esteban. Während seines Interrail-Trips durch Europa machte er auch in Passau Station, und mein Haus diente ihm als Herberge, wo er sein müdes Haupt betten konnte. Bei seinem Besuch war es mir endlich möglich, ihm bayerische Brezen näherzubringen! Gudrun ist mir als mütterliche Freundin ans Herz gewachsen, von ihren Erfahrungen als Autorin konnte ich in hohem Maße profitieren.

Und auch mit Irene und Schiddi halte ich den Kontakt aufrecht. Für meine beiden „Engel der Langsamkeit" war und ist der Camino ein einschneidendes Erlebnis, aus dem sie noch immer so viel Lebenskraft schöpfen.

Ein ganz besonderes Dankeschön gilt meiner lieben Frau. Sie hat mich in jeglicher Weise unterstützt und mir ermöglicht, meinen Camino zu wandern, indem sie daheim auch „Vaterpflichten" übernahm. Auch während der Niederschrift meiner Erlebnisse hat sie mir den Rücken frei gehalten. Te quiero!

CAPITULUM hujus Almae Apostolicae et Metropolitanae Ecclesiae Compostellanae sigilli Altaris Beati Jacobi Apostoli custos, ut omnibus Fidelibus et Peregrinis ex toto terrarum Orbe, devotionis affectu vel voti causa, ad limina Apostoli Nostri Hispaniarum Patroni ac Tutelaris **SANCTI JACOBI** convenientibus, authenticas visitationis litteras expediat, omnibus et singulis praesentes inspecturis, notum facit: Dnum *Ioannem Schiermeier* hoc sacratissimum Templum pietatis causa devote visitasse. In quorum fidem praesentes litteras, sigillo ejusdem Sanctae Ecclesiae munitas, ei confero.

Datum Compostellae die *10* mensis *Iunii* anno Dni *2008*.

Canonicus Deputatus pro Peregrinis

Meine Compostela

Mein Pilgerpass

Der Passauer Textilingenieur Hans Schiermeier lief im Frühjahr 2008 den klassischen Jakobsweg durch Nordspanien und schrieb darüber dieses Buch. Im Frühsommer 2009 pilgerte er die rund 1000 km lange Via de la Plata von Südspanien aus.